英語を聞きとる力が飛躍的にアップする新メソッド

10秒リスニング

小西麻亜耶

SANSHUSHA

はじめに

　こんにちは、小西麻亜耶です。東京の青山にある㈱コミュニカ（以下コミュニカ）という英語塾の取締役副社長をしています。本書は、このコミュニカで大変人気の授業のひとつである「10秒ニュース」をもとに、メソッド化して、より多くの方々に読んでいただけるように書籍化したものです。

　リスニングの勉強というと、とにかく長い英文をたくさん聞かなければいけないのではないか?と思っている方も多く、「毎日だと長続きしない」「毎日聞くのに内容がつまらない」などの声を多く聞きます。そんな悩みに応えて私が生み出した学習法こそ「10秒ニュース」です。

　コミュニカではニュース素材をもとに私が10秒程度の英文を作成し、ほぼ毎日配信しています。10秒程度の英文を毎日、私が読み上げた音声とともにアップし、書き取ってもらいます。コミュニカでは聞き取れるまで（満足するまで）何度も何度も書き取ってもらい、それを採点しています。

　その授業を繰り返しているうちに、日本人のリスニングが苦手なポイントには傾向があることが見えてきました。その苦手を克服する着眼点こそが「3つの視点」である「文法力」、「語彙力」、「発音力」です。日本人はまじめなので、どうしても「聞き取れた音を忠実に聞き取ろう（書き取ろ

う）」とする傾向が大いにありますが、実はネイティブスピーカーも「忠実に音だけを聞いて」内容を理解しているわけではありません。

　日本語で聞き取る時にも、様々な要素を潜在的に組み合わせて内容を理解しながら聞き取っているはずです。つまり先述した「文法」や「語彙」、「発音」といった要素（視点）を潜在的に組み合わせたうえで会話やスピーチ、ニュースなどの文章を理解しているのです。

　まずは、このことを理解してからこの本に取り組むだけでも今までとは違った姿勢で英語の音と向き合うことができると思います。

　本書は、全60ユニットのテーマと「10秒英文」の書き取りが本書の中でできるような構成で成り立っています。書籍という特質上、独学でも誰もがこのメソッドを使って学習できるような構成にこだわりました。扱う素材もニュースだけにこだわらず、幅広いテーマを扱っています。本書が英語リスニングに悩む多くの英語学習者の方の一助となれば幸いです。

小西麻亜耶

Contents

2か月間トレーニング! 10秒リスニング

How to Use This Book

A 各ユニットで扱っているテーマと音声番号です。音声はアメリカ人ナレーターと著者が吹き込んでいます。最初は著者が授業で提供しているスロースピードの音声を 10 回ほど流します。そのあとナチュラルスピードの音声が著者の吹き込み→アメリカ人ナレーター（男女）の順で収録されています。学習したいスピードや回数を聞きたいだけ聞いてください。

B 各ユニット、STEP 1 から STEP 6 まであります（Maaya 式　6 ステップ）。各ユニットの音声を聞きながら、このステップにしたがって書き取りを進めていきましょう。

C STEP 1　音声を聞いて聞き取れたキーワードを書いてみましょう。キーワードから連想して本文の内容を想像してみましょう。
STEP 2　最大 10 回まで音声を繰り返し再生し、聞こえた英文の英単語をできるだけ多く書き取ってみましょう。カタカナではなく全てアルファベットで！なぐり書きで構いません。
[目安：TOEIC500 点台レベル 10 回まで、TOEIC600 点台レベル 7 回まで、TOEIC700 点台レベル 5 回まで、TOEIC800 点台レベル 3 回まで]
STEP 3　書き取った英文を清書し、文法的に意味が通じるか確認しながら英文を見直してみてください。以下に見直しの際のポイントをあげているので、参考にしてみましょう。
STEP 4　答え合わせをし、正しく書き取れなかった部分を確認し、その原因を分析しましょう。
STEP 5　STEP 4 のスクリプトから和訳を書いて、意味を確認しましょう。ここでは訳すことで意味がしっかりと理解できているかを確認します。
STEP 6　矢印やハイライトを参考にスクリプトを音読し、単語や音のリズムを身につけましょう。発音できる音は聞き取れるようになります。

STEP 3 では多くの人が、聞き取りでつまずきやすい箇所をチェック項目として載せていますので見直しの際に漏れがないか確認してみてください。この項目は p.22 の「10 秒リスニングのルール」に詳細が載っています。

D 納得いくまで書き取りができたら、STEP 4 で答えあわせをしましょう。p.22 の「10 秒リスニングのルール」にしたがって、「文法」、「語彙」、「発音」の 3 つの視点から間違えやすいポイントを解説しています。

E STEP 5 では、答え合わせのあと、さらに内容の理解ができているかを確認するために和訳をしてみましょう。和訳してみると意味を取り違えていたり、意味を知らない単語があったりすることに気づくでしょう。また、出てきたテーマや単語の意味そのものを知らなかったという方のために「テーマのコラム」を設けています。ニュースや資格・検定試験、または英語ネイティブスピーカー（特にアメリカ人）との間でのスモールトークなどで話題に出てくることも多いテーマを集めていますので、本書を機にぜひ知識も身につけてください。長文の英文やスピードの速い英文、知らない単語が多く出てくる英文でもそのテーマの背景知識を知っていると一気に内容が理解できる場合が多々あります。

F 「発音できない単語は聞き取れない」。これは著者が英語塾で常々伝えてきているモットーのひとつです。本書ではひとりでも十分学習できるよう、付属音声を聞きながら STEP 6 にあるスクリプトと一緒に発音、スピーキングの練習をしましょう。

スクリプト内の↑や↓などの矢印はイントネーションのアップダウンを示しています。赤ハイライトがついている単語は内容語ですのでしっかり発音するようにしましょう。スラッシュは息継ぎの目安です。さらにその中で発音が難しい単語や連結により発音に注意が必要な箇所、文全体のイントネーションで注意すべき場所や複合名詞・形容詞を理解して読むべき箇所などを一つ一つ丁ねいに解説をしています。

「10秒リスニング」とは？

「10秒リスニング」って？

コミュニカの取締役副社長で、この本の筆者、小西麻亜耶が編み出した学習法、「10秒ニュース」を本書なりにアレンジしたのが「10秒リスニング」です。

そもそも「10秒ニュース」とは何か、からお話しましょう。毎日10秒程度の長さの英文を何度も、または何回か聞いて、「Maaya式 6ステップ」（下記参照）に沿いながら書き取り・ディクテーションするだけで、2か月でリスニング力が150％アップする（例えばTOEICのリスニングパートで300点→450点）というオリジナル学習法。

1日10秒程度の英語を聞いて書き取るだけなので「負担も少なく続けられる」、「新しい学習方法なので楽しく続けられる」という学習者が多く現れました。コミュニカの授業では、ニュース素材のみを扱っていることから「10秒ニュース」と呼んでいます。

本書ではニュースだけに限らず聞いていて、読んでいて楽しく、ためになる英文素材を著者がオリジナルで作成しました。社会問題、経済、国際問題、ジェンダー…など幅広いテーマを扱っているので「10秒ニュース」改め、「10秒リスニング」としてご紹介します。

本書に出てくるテーマや英文、コラム知識は、ビジネスシーンでの雑談やディスカッション、英検やTOEICなどの検定試験の際にも役立つことでしょう。

Maaya式 6ステップ

STEP 1 音声を聞いて聞き取れたキーワードを書いてみましょう。キーワードから連想して本文の内容を想像してみましょう。

STEP 2 最大10回まで音声を繰り返し再生し、聞こえた英文の英単語をできるだけ多く書き取ってみましょう。カタカナではなく全てアルファベットで！なぐり書きで構いません。
［目安：TOEIC500点台レベル10回まで、TOEIC600点台レベル7 回まで、TOEIC700点台レベル5回まで、TOEIC800点台レベル3回まで］

STEP 3 書き取った英文を清書し、文法的に意味が通じるか確認しながら英文を見直してみてください。以下に見直しの際のポイントをあげているので、参考にしてみましょう。

STEP 4 答え合わせをし、正しく書き取れなかった部分を確認し、その原因を分析しましょう。

STEP 5 STEP 4 のスクリプトから和訳を書いて、意味を確認しましょう。ここでは訳すことで意味がしっかりと理解できているかを確認します。

STEP 6 矢印やハイライトを参考にスクリプトを音読し、単語や音のリズムを身につけましょう。発音できる音は聞き取れるようになります。

「10秒リスニング」が効果的なわけ

　「10秒」という短さが「気軽」で、「負担なく」できることで学習者の継続力を後押ししていることは先ほども述べました。これに加え、この学習法の根幹にもなっている「書き取り」、つまり「ディクテーション」がリスニング力アップには非常に効果的なのです。ディクテーションというと「聞いた音をきちんと書き取る」ことだと思われる方が多いと思いますが、実はただの「聴覚テスト」ではありません。聞こえてきた音を様々な観点（文脈や文法的な観点、イディオムや表現・語彙力といった観点、発音やイントネーションといった観点など）から総合的に考えて、判断して書き取るのです。

　日本語で何かを書き取る時のことを考えてみてください。電話や会議などでメモや議事録を取る時、私たちも聞き取った「音だけ」を忠実に聞き取ろうとしているのではなく、上述の様々な観点を踏まえたうえで書き取っていませんか？　一語一句聞き取ろうと音だけを追っていては、理解できないはずです。英語も同じです。英語のネイティブスピーカーも「音を忠実に聞き取って書く」だけではなく、頭の中で上述の様々な観点を踏まえて何が適切かを瞬時に選んで判断しているのです。

　これでおわかりだと思いますが、「文脈理解や文法知識」、「イディオム・表現力や語彙力」、「発音力やイントネーションを理解する力」など総合的な英語力が不足しているとディクテーションは難しいのです。逆を言うと、英語力を総合的にアップしたいのであれば、ディクテーションは最高の学習法と言えます。ディクテーションを繰り返すと英語の音に耳が慣れるだけでなく、このように総合的に適切な英語を判断する力も身につくので、「（音を追うだけではない）文脈理解をするための聞き取り」という意味でのリスニング力は間違いなくアップします。

　さらに、「話せない音は聞き取れない」というモットーをもとに、「10秒リスニング」のSTEP 6では「話す（発音する）場合のポイント」を入れています。聞いて、書き取って、話せるまでのトレーニングができるような仕組みとなっています。

　「ペースがゆっくりであれば理解できる英語も、ネイティブスピードになると全くついていけなくなってしまう」という方、「5〜6割程度のざっくりとした理解はできるが、詳細は聞き落としていたり、大事なところを勘違いして理解していることが頻繁にある」という方…。実はなんとなく理解した気になっていませんか？

　そのような方々の多くが、ディクテーションというと「ハードルが高い」と言います。たいていの場合、英文内容が難しかったり、英文そのものが長かったりするので、すぐ挫折してしまうのです。そのような方々のための学習法が「10秒リスニング」です。

　まずは毎日10秒程度の英語を聞いて、書き取る、そして発音トレーニングで音の確認。これを2か月続けてみてください。

本書で出てくる
重要キーワード・概念

STEP 4で出てくるキーワードから紹介、説明します。本書を読み進める前に、次のキーワードの意味を知っておくと、Unit01〜60の内容をさらに深く理解できるでしょう。「10秒リスニングのルール」とも重複しますが、本書全体を通してよく出てくる重要なキーワードなのでこのページで知識を整理してまとめておきましょう。

複合名詞、複合形容詞とは？ ▶ | Vocabulary

簡単に言うと、2つ以上の単語が組み合わさって新たに作られた1つの単語を複合語(compound words)と呼びます。日本語にもあり、例えば電話会議は、電話(名詞)＋会議(名詞) でできている複合名詞です。まずは、複合名詞から説明しましょう。名詞①＋名詞②で新たに作られた名詞③のことです。主に下記の3パターンの表記の違いが見られます。

①1語として表記　例: laptop, bookstore
②ハイフンでつなげて1語で表記　例: father-in-low, T-shirt
③2語 (以上) でそのまま表記　例: ice cream, high school

明確な表記方法の違いはありませんが、③→②→①の順に、1語としてポピュラーかつ、浸透している単語と言えます。②のようにハイフンでつなげないとまだ読者を混乱させてしまうかもしれないものから①のように完全に1語として扱っても多くの人が理解できる単語まで表記が時代とともに変わっています。書き取る際に意識しながら、進めてみましょう。また、**複合名詞であることをリスニング中に判断する時の重要な目安がアクセントの位置**です。複合名詞の場合、**先頭の単語にアクセント**を置きます。

複合形容詞のほうがルールがもう少しシンプルかもしれません。たいていの場合、形容詞①＋ (-)ハイフン＋形容詞②で新しく形容詞③を作ります。good-looking, five-year-old, ten-story-buildingなどです。five-year-old, ten-story-buildingのように数字が入った複合形容詞は複数形になりません(five-year**s**-oldやten-stor**ies**-buildingのようにはなりません) ので、リスニングの際には複数形になっていないことで複合形容詞だと判断できるでしょう。

複合名詞や複合形容詞の仕組みがわかると自分でも造語が作れるようになります。言いたいことに対して適切な単語が思い浮かばない場合、自分で作って表現できようになる便利なツールですのでぜひ覚えてください。TOEICやビジネス、ニュースなどでも頻出です。

数字の読み方・聞き取り方 ▶ | Pronunciation

　数字の聞き取りが苦手という方は結構多く、数字になると思考が止まってしまう人も多いのではないでしょうか。必死に「日本語ではいくつ?」と考えてしまい余裕がなくなるのです。これは慣れていくしかないので、主要な数字は暗記しましょう。世界の人口: 7.8 billion people、日本の人口: 126 million people、US GDP: 19 trillion USD、China GDP: 12 trillion USD、Japan GDP: 4.9 trillion USD...etcなどです。大きな桁数の数字は下記のようなコツがあります。

▶ 大きな桁数の数字の読み方・聞き取り方

　数字の聞き取りの基本として、英語の数字の読み方は3桁ごとにカンマを挟むということを覚えておきましょう。カンマの数と位が下記のように増えていきます。

カンマの数	数字表記	英語表記
1	1,000	thousand
2	1,000,000	million
3	1,000,000,000	billion
4	1,000,000,000,000	trillion
5	1,000,000,000,000,000	quadrillion
6	1,000,000,000,000,000,000	quintillion

　次の数字を参考に見てみましょう。

Two billion four hundred eleven million fifty thousand six hundred ninety nine

　上の表にあるように、英語の数字は3桁ごとにカンマを挟み、位が変わるので、**音としてthousand, million, billion, trillion, quadrillion, quintillionが聞こえたらカンマを打って数字を書き取って**みるとわかりやすいです。赤字になっているbillion, million, thousandのところがカンマに変わったと考えると2,411,050,699となります。アラビア数字で書き取っておけば日本語にも変換しやすいですね。24億1105万699です。この場合、millionとthousandのあいだのfifty(50)を書き取っている最中は3桁でないことに違和感を覚えてペンが止まってしまうかもしれませんが、すべて書き終えたあとに見直して、millionとthousandの間だから50ではなく、カンマに挟まれた050と書くべきだと気づけばいいことです。**大きな数字の音声が流れてきたら、3桁ごとのカンマを打つことを**守っていれば、おおよその数字はわかるはずです。

1999年までは、前の2つと後ろの2つに分けて読むことが通常です。2000年以降の読み方で迷いそうなものをいくつか例をもとにご紹介します。

2000：(the year)two thousand

1900年、1800年…などは19×100、18×100の発想で前2つ、後2つに分けて読みますが、1000年や2000年のように後半3桁が000と続く場合はthousandと表現するのが一般的です。唐突だと数字か年号がわからないので、the yearと頭につけたりします。

2002：two thousand two

two thousand twoは2000+2という数え方をしています。two thousand and twoのようにandは入れないように。ちなみに、zero 0はo「オー」と読みます。

2020：two thousand twenty/twenty twenty

two thousand twentyは2000+20という数え方をしています。two thousand and twentyのようにandは入れないように。twenty twentyは前2つの20と後2つの20を分けて読んでいます。

2100：two thousand one hundred/twenty one hundred

two thousand one hundredは2000+100という数え方をしています。two thousand and one hundredのようにandを入れないように。twenty one hundredは21×100という数え方をしています。

最後に、数字の表記の仕方ですが、アラビア数字で表記するのかスペルアウトして書き取るのか、迷うこともあると思います。アメリカ英語とイギリス英語でもスタイルガイドによっても差があります。数字の表記には細かいルールがたくさんありますがいくつか本書に登場している範囲でご紹介します。

- 0～9の1桁の数字を表記するときはzero, one, two... nineとスペルアウトし、10以上の数字はアラビア数字で表記することが多い。序数(first, second… ninth, 10th, 11th...20th, 21st, 22nd, 23rd, 24th…) も同じ
- 文頭の数字は10以上でもスペルアウトすることが多い
  Ex) Fifteen people are playing there.
- 計量単位や％などの単位がついた数字はアラビア数字にする
  Ex) make a discount of 5% on cash purchases, 3 inches long, 7 dollars

複数形と単数形という考え方 ▶ Grammar

　単数形・複数形は日本語にはない概念なので、感覚的に捉えることが難しいのはよくわかります。筆者が教える生徒さんの多くもここで苦しみます。日本語で名詞の数を意識して話すことがないので、単数形・複数形への注意が行き届かないのは仕方のないことです。しかし実は、上下関係に敏感な日本人が相手によって丁寧語や謙譲語など使い分けるのと同じくらい、英語ネイティブスピーカーは気にしているのが単数・複数形です。そして英語において複数形のsを落とすのは、日本語で言うところの「てにをは」を間違えて使っているのと同じような感覚とも言えます。何の名詞なのか？が聞き取れることは大事ですが、そこに慣れてきたら単数形・複数形どちらなのかを適切に判断できるような注意力を持つように心がけましょう。日本語では数えられる（複数形にできる）名詞でも英語では数えられなかったり、そもそも単数形のものと複数形のものが日本語と英語では異なったりするので、知識として英語の可算名詞と不可算名詞を少し整理しておくと便利かもしれません。

▶ 不可算名詞の特徴

①液体・気体: water, smoke, juice, air, blood, oil...
②素材・食材: wood, leather, beef, cheese, fish（ただし、食べ物としての魚）...
③感情・概念: happiness, beauty, time, wealth...
④総称: food, money, Japanese...
⑤わかりにくいもの: help, homework, news, advice, information...
* fishのように単数の時と複数の時で意味が変わるものもあります。chickenも可算名詞だと「ニワトリ」ですが、不可算名詞だと「鶏肉」の意味です。他にもglassやfireなど可算名詞と不可算名詞で異なる意味がある単語があります。
* team, people, audienceなど単数形で複数形扱いするものもあります。

固有名詞への考え方 ▶ Vocabulary

　本書にも、企業名、人名、国名、映画のタイトルなど様々な固有名詞が登場します。国名は知っている方も多いかもしれませんが、人名や企業名などはスペルがわからないことも多く、わからなくて当然です。日本語で「ふじさわさん」でも「藤沢さん」「藤澤さん」など複数の漢字の候補が存在するのと同じことだと思ってください。「スペルをきちんと書き取れなくても、固有名詞であるということをきちんと理解して聞き取っていたら自己採点では正解としてOK」と普段の授業でも生徒さんたちに伝えています。著名な企業名や人物名などは出会うたびに覚えていけば良いことなので、その都度スペルと一緒に覚えましょう。リスニング中に固有名詞が出てくると混乱してし

まうこともあると思います。リスニング中には意味がわからなくても固有名詞だということがわかれば良いので固有名詞だと判断するポイントをいくつかご紹介します。

・企業名や人物名などの固有名詞のあとにカンマ (,) で挟んで、その名詞の説明をしている場合、少しポーズを置いたあとに言い換えをしているので気づくことができます
・前後の文脈や文構造で「名詞」であることに気づけば固有名詞かもしれないと推測できます
・やはり、知識量を増やすことです。特に海外のトレンドに目を向け、興味を持つことです

地名や外来語の発音の仕方 ▶ Pronunciation

　日本語における外来語と英語における外来語は、それぞれの言語での受け入れ方が少し違うので発音が異なります。具体的な例をもとにお話してみましょう。

　ノルウェーの首都、オスロ (Oslo) を例にとってみます。日本語では「オスロ」ですね。英語の発音をあえてカタカナで書くと「オズロ」のように濁った発音になるのです。なぜかというと、日本語はその外来語（ここではノルウェー語）の音に近い発音にしようとしますが（つまり忠実にオリジナルに近い発音をしようとしますが）、英語の場合、その外来語（ここではノルウェー語）を英語にある音で発音しようとするためです。

　英語で登場してくる日本語にも同じことが言えます。例えば、karaokeは「カラオケ」よりも「キャリオキー」のように聞こえるはずです。kimonoも「クモゥノゥ」のように聞こえるでしょう。「オスロ」と同じように、日本語本来の発音に近づけようとするのではなく、英語にある音で発音しようとするため、日本語の音で構えていると聞き取れないのです。

イタリック体、引用符などの使い方 ▶ Grammar

▶ 引用符

　クォーテーションマークとも言います。日本語のかぎかっこ、(「　」) のことだと思ってください。シングルクォーテーションマーク (') とダブルクォーテーションマーク (") があります。アメリカ英語とイギリス英語で使い方が少し異なり、アメリカ英語でシングルクォーテーションマークはあまり使いません。

●ダブルクォーテーションマーク (") の使い方
　①セリフを示す時　Ex) He said to me, "It's never too late."
　②引用する時　Ex) According to the CEO, "more layoffs are unavoidable."
　③新聞記事、本の章タイトル、歌など　Ex) My favorite song is "My Heart Will

Go On" by Celine Dion.

④**強調する時**　Ex)"Safety is our number one priority!"

⑤**通常の意味とは異なる意味で使う時**　Ex) She was really "sad" about it. →実は悲しくない

　あわせて覚えておきたいのが⑤のような皮肉さを実際の会話で表現したい場合には air quotesというジェスチャーを使います。両手をピースサインにして、それぞれの人差し指と中指をクロスさせて2回曲げる動作を英語で air quotesと呼びます。アメリカ人にとってはごく普通の仕草なので恐れず使ってみてください。

▶ **イタリック体**

　ダブルクォーテーションマークの使い方③、④と混同してしまうことが多いのでここで整理しましょう。

①**英語にとっての外国語**

②**本のタイトル、新聞名、映画名、TV番組名など**

③**強調する単語が1単語の時**

　こういったルールは、アメリカの大学ではレポートやエッセーを書く中で校閲のルールを習得していきます。リスニング中ではなかなか意識が向かないところだと思いますが、書き取りの際にこういった細部にもこだわって文章を作れると上級者に着実に近づいていけることでしょう！ただ、使い分けについてはルール化されているものの、あえて無視することで芸術性を表現する手法もあるので楽しめるといいですね！

大文字・小文字の使い方 ▶ Grammar

　アルファベットは26文字しかないので、大文字・小文字の区別をすることによって使える文字数を倍に増やすようにしているのです。イタリック、ボールド、引用符などの記号と同じように、字体に関しても使用している意味があることを改めて認識しておきましょう。迷いそうな例をいくつか紹介します。

・**Earth：惑星としての地球＝固有名詞なので大文字**。

　Ex) It takes six to eight months to travel from Earth to Mars.

・**土地、地面としての地球＝普通名詞なので小文字、また慣用表現も小文字**。

　Ex) I felt the cool earth on my bare feet. / What on earth?

・**King, Manager, Presidentなどの肩書：肩書名＝固有名詞なので大文字**。

　Ex) Princess Charlotte is The Duke and Duchess of Cambridge's second child.

　Ex) Sheila Smith, Vice President of Finance, presented the award.

・**職業名＝普通名詞なので小文字**。

　Ex) The marketing manager is Joe Smith.

「音の変化」のルール ▶ ▌Pronunciation

　日本人が英語のリスニングを苦手とする大きな原因のひとつが単語が組み合わさり文章になったときに起こる音の変化です。単語が連続する文章になった時に英語ネイティブスピーカーは、その単語を1つひとつ発音するのではなく単語の要素をつなげたり、2つで1つにしたりするなど音の変化をつけて発音するのです。この音の変化が日本人のリスニングを難しくしている原因のひとつです。日本人は優秀で思いやりのある人が多く、ゆっくり一つひとつの単語を明瞭に発音することが正しいと思い込んでいます。ネイティブに通じる発音はむしろ全ての単語が繋がっているような発音をします。

　これらの音を聞いて、切り分けて考えられるようになるためには、もっと子音と仲良くなる必要があります。日本語は「すべての音が必ず母音で終わり」ますが英語にはこのルールが適用されないので子音で終わる単語がたくさんあるのです。そのあとにくる単語が母音で始まるか子音で始まるかで様々な音の繋がり方をします。それを知っていると、ブツ切れになってしまっている日本人のカタカナ英語を矯正することができます。代表的な音の変化のルールをご紹介します。

▶ 連結 (Concatenation)

　隣接する2つの単語を合体させて1つの単語のように発音すること全般を筆者は「連結」と呼んでいます。

①子音で終わる単語＋母音で始まる単語→子音が後ろの母音に引き寄せられて連結
②子音＋子音→don't youのような連結は「変換」Transformationへ
③母音＋母音→do itのような連結は「音の挿入」Insertionへ

　Silent eの単語(スペルでeが表記されていても発音しないeの音のこと。例えばmake, take, cakeなど)は母音として認識されないのでSilent eの1つ前の単語が次の母音と連結するという例外があります。つまり、make itはmak it (meikit)のような音になるというわけです。

▶ 音の挿入 (Insertion)

　2つの母音が続く場合、母音が混ざらないように、と神経質になりすぎないことです。**母音＋母音が続くと発音しにくくなるので、流れるような英語を話すためにはその間に子音を挿入します。**具体的な例を挙げて見てみましょう。

① /u/で終わる単語＋母音で始まる単語→/w/を挿入

Who is that?　→　Who/w/ is that?

You only live once.　→　You/w/ only live once.

Did you look through our estimation?　→　Did you look through/w/ our estimation?

② /i/で終わる単語＋母音で始まる単語→/y/を挿入

I agree.　→　I/y/ agree.

*単語のスペルではなく、音で判断することを忘れずに。Iだけみると子音ですが(ai)
　という発音なので、母音 iに母音 aが続いていると判断します

I appreciate it.　→　I/y/ appreciate it.

Tell me a story.　→　Tell me/y/ a story.

▶ 変換（Transformation）

　youの前の単語が子音で終わる場合、子音とyouが繋がって新たな音に変換されます。具体的な例を挙げて見てみましょう。

Can I help you?　→　×「ヘルプユー」　○「ヘルピュー」

What's your name?　→×「ワッツヨァ」　○「ワッチョア」

▶ 同化（Assimilation）

　この章のはじめでも触れましたが、日本語は「子音＋母音」で1音になっているので必ず母音で終わります。この癖が英語でも出てしまうと、母音が強調されすぎて耳障りに聞こえてしまうのです。この癖を脱却させるためのルールが「同化」です。

　隣接する2つの単語で、最初の単語が破裂音（p, b, t, d, k, g）で終わっていて、その次の単語が子音で始まる場合、前の破裂音は発音しません。2つの単語を合体させて1つの単語のように発音します。具体的な例を挙げて見てみましょう。

What do you mean?→ (whado you mean)

part time job→ (par time job)

drop the ball→ (dro the ball)

I want to sound like a native English speaker!→ (I wan to soun like a…)

▶ 弱くなる音（Attenuation）、Flap T

　母音と母音の間に挟まれた /t/ の音はやわらかく、弾かれるような /d/ や /r/ に近い音に変わります。巻き舌ができるなら巻き舌で話すようなつもりでいうと英語らしく聞こえます。ただし、アメリカ英語特有の特徴でイギリス英語にはありません。一番よく知られている例がwaterです。「ウォーター」でなはく、「ワラ」に聞こえるのは、このルールがあるためです。waterのtの部分がwararもしくはwadarのように聞こえるので、カタカナ表記すると「ワラ」のほうが英語発音に近いのです。他にもいくつか例を見てみましょう。

① **not at all**　② **Let it be**　③ **Get out!**　④ **matter**

▶ 小さい「っ」

tの前の音が母音またはnまたはrで、tの後がn, m, lもしくはsyllabic n, syllabic m, syllabic lの時、tの音が日本語の小さい「っ」のように変わります。具体的にどういうことかfitnessという単語で見てみましょう。

fitness→ tの前が母音で、tのあとがn

「フィットネス」ではなく、「フィッネス」という発音になります。

▶ R音性母音（R-controlled vowel）

母音と「r」が組み合わさった母音をR-controlled vowelと呼びます。「r」は非常に影響力の強い子音ですので母音と組み合わさるとその母音の発音が大きく変化します。主に3パターンありますのでひとつずつ見ていきましょう。

①スタバのar

きれいに「あ」と口を縦に開いて発音し、それから舌を巻き込んで「r」を発音します。「あ」も「r」も同じ程度のばして発音することを意識しましょう。とにかく舌を巻けば英語らしく聞こえると思い込んでいる人も多く、逆にrの音が出ずに「あー」に近い音になってまっているのも正しい発音ではないので気をつけましょう。この音になる単語の例をいくつか紹介します。

art, star, Harvard Law, car

②スポーツのor

のどの奥で「を」と発音し、それから舌を巻き込んで「r」を発音します。「を」も「r」も同じ程度のばして発音することを意識しましょう。これも①と同じようにとにかく舌を巻けばいいものでもなく、「おー」とのばすだけの発音も正しい音になりませんので気をつけましょう。この音になる単語の例をいくつか紹介します。

corporate, fork, short, born

③リーダーのer

舌を巻きながら思いっきり奥に引いて喉を鳴らし、口先をすぼめます。腹式呼吸ができて初めて出る音で口先では音が出ません。「あー」と伸ばすだけのカタカナ英語の発音は正しくなく、例えば「オールダー」、「スローアー」ではなく、語尾の「アー」を舌を巻きながら思いっきり奥に引いて音を鳴らして口先をすぼめるように言いましょう。覚えておきたいのはこの /er/ の音は、erの他にもer, ir, ar, or, ur, ear, ourといくつかスペルがあります。この音になる単語の例をいくつか紹介します。

teacher, firm, word, purchase, Earth, bourbon

▶ Dark LとLight L

単語の最後にくるLはDark Lと呼び、単語の語頭にくるLをLight Lと呼びます。

① Light L

単語の語頭のLまたは母音の前のLはLight Lでの発音になります。 発音も日本人には発音しやすい音でしょう。日本語の「ラ行」との違いは舌を上の前歯の後ろに強く押し当てること。舌先を上の前歯の裏(特には歯茎と歯の生え際の境界線に)にベタっとつけて、舌先を強く押し当ててから弾かせるようにLを発音します。具体的には次のような単語があります。

lunch, pilot, believe, live, Los Angeles

② Dark L

単語の語末のLまたは子音の前のLはDark Lでの発音になります。「う」と「お」をたして割ったような音です。舌先を前歯の裏にゆるく当て、舌の根元を飲み込みます。のどの奥で響かせるような低く、暗い音です。例えば、apple「アップル」ではなく「アッポー」、miracle「ミラクル」ではなく「ミラコー」、milk「ミルク」ではなく「ミオク」のように聞こえます。

▶ Short O

opportunity, office, offなどもShort Oで始まる単語です。あわせて発音をおさえておきましょう。**口を大きく縦に開いて、あくびをするかのように口を開けて「あ」と発音する音です。** 発音記号では、/ɑ/という記号に当たります。

▶「お」の口で「あ」

上のShort Oと混同しやすいですが、Short Oよりも少し口の開きが小さいのが違いです。発音記号では/ɔ/という記号に当たります。また、スペルではau, aw, alと綴られることが多いのも特徴です。具体的には、audio, because, authentic, launch, talkなどがこの音になります。Short Oと同様に日本語では「お」の母音で代用されることが多いので混乱しがちです。

▶ Silent b

bの音は全く発音しないけれどスペルにはbが必要という単語のことです。comb, tomb, climb, lamb, debt, doubt, thumb など他にもSilent bの単語はたくさんあります。1300年頃に単語の後ろのbは発音が丸ごと落とされるようになったと言われています。

▶ あいまい母音

「みぞおちにパンチされたら反射的に出てくる音」と筆者は呼んでいます。文字では表現しにくいですが「あぅ」に近い音でゲップをしているのに近い音です。全ての母音の中間のような発音で口の筋肉を緩めて軽く発音します。逆に言うと、日本人にはどの母音にも聞こえてしまう音です。

発音記号では /ə/ と表記されます。アクセントがない音節の母音はあいまい母音になります。

▶ 子音クラスター（Consonant Cluster）

prやblという子音の組み合わせをConsonant Cluster（子音クラスター）と呼びます。日本語にはない音のルールなので本書で発音になれましょう。例えば、problemのprやblがこれに当たります。

日本語は子音と母音がペアで存在します。ヤマモトという名字を分解するとYA・MA・MO・TO。子音1に対して母音も1。日本語は他言語と比較しても母音の多い言語と言えるでしょう。世界の言語には子音だけが5つ、6つ、7つと繋がるものもあります。母音なしでも音が存在します。人間の言語はその文化や環境に大きく影響を受けると言われますが、その顕著な例が母音の数と気候の関係性でしょう。母音は口を大きく開けて発声するので、赤道に近い国々には母音の多い言語が多いのです。例えば、フィリピンのタガログ語、インドネシア語、スワヒリ語などです。逆に寒い地域の言語、ロシア語やポーランド語をイメージするとわかりやすいと思いますが、寒い地域では口を大きく開けない子音の多い言語が多いのです。

最後にSTEP 6で出てくるキーワードを押さえておきましょう。

▍内容語と機能語について

内容語とは、語彙的な意味を表す名詞、形容詞、副詞、一般動詞など文章の内容が伝わる品詞を指します。一方で**機能語とは、人称代名詞、関係代名詞、助動詞、前置詞や冠詞、接続詞など内容を表しているわけではない品詞**のことです。

日本語と英語で文章全体のリズムや抑揚に違いを感じるのは、英語では内容語にストレスを乗せて機能語は弱く発音することで強弱をつけて話すためです。本書ではSTEP 6で内容語にはハイライトを入れていますので練習してみてください。

アクセント

　アクセントは、特定のSyllable（音節）を他のSyllableよりも強調して発音することです。個々の単語のアクセントの位置は辞書を調べると表記されています。記憶があいまいな場合は単語のアクセントの位置を必ず確認しましょう。アクセントのあるSyllableの母音を伸ばします。**音量を大きく発音することでアクセントを表現するよりもアクセントのある音節の母音を伸ばす意識**です。日本語にはなかなかないので最初は慣れないと思いますが、この**アクセントが実は発音そのものよりも大事**なのです。

発音全体で注意すること

　文章が長くなればなるほど注意したいのが息継ぎ。一定の息を出し続けることが必要です。**日本語よりも腹式呼吸で発音する音が多い**ですが、ストローで息をずっと出し続けるイメージで話していくことが大切です。最初は意識しすぎてしまうかもしれませんが、リラックスしてやれるようになるとよりいいですね。

　また、ワンランク上を目指すには**声の質も大事**です。日本人は特に女性だと比較的高い声が良いとされる風潮がありますが、実は英語圏の人には聞き取ってもらえないうえ、少し幼く見られてしまう傾向があります。英語圏の女性キャスターがニュースを読む動画を見てみてください。日本のニュースキャスターに比べると低めの声で落ち着いている印象を受けるでしょう。

「10秒リスニング」のルール

　3つの視点から総合的な英語力を養いながら聞く力をつけていくことが重要だということは何度もお伝えしていますね。その3つの視点である「文法力」、「語彙力」、「発音力」のそれぞれで、日本人が特につまずきやすいポイントをルール化しました。各ユニットのSTEP 3にある見直しの際のチェックリストは、以下で紹介するルールから載せています。

Grammar［文法］　16のルール

1 よく使われる表現・イディオムを書き取れましたか
　ネイティブスピーカーがよく使う表現やイディオムを知っていると、文の骨格や構造が一気に見える時があります。単純にイディオムがわかれば文意がわかる場合は「語彙」として、イディオムで文全体の構造がわかる時は「文法」のルールとして掲載しています。

2 イタリック体に気づきましたか
　リスニング中の音だけで、イタリック体かどうかがわからなくても当然です。本書のSTEP 3で、ある程度書き取りを終えて見直す時に、イタリック体にすべき箇所（→「本書で出てくる重要キーワード・概念」p.15）がわかると上級者へ一歩近づきますね。

3 音が弱い機能語を文法的に判断できましたか／弱い音を文法的に判断できましたか
4 前置詞の用法を理解して書き取れましたか
　前置詞や助動詞などの機能語は発音が弱くほぼ聞こえません。「なにか言っている気がする」という音は機能語であることが多いので、前後の文脈や単語の並びから文法的にどのような品詞が入り、どの単語が適切なのか判断しましょう。4 前置詞はその後にくる名詞とセットで覚えておくと良いです。例えば「on＋曜日」、「at＋時間」などです。

5 言い換え表現を理解できましたか
　固有名詞のあとにカンマでその名詞の説明を挟んだり、コロンで「つまり、」と文章を言い換える箇所はポーズの間隔や文脈から言い換えだと気づいて適切な記号を書き取れるといいですね。

6 三単現のSは書き取れましたか
7 複数形のSは書き取れましたか
8 所有格のSは書き取れましたか
　いずれのSも聞き取りの最中は聞き落としがちな音ですが、文脈や前後の単語などから最後の見直しで文法的に適切かどうか判断して書き取れれば問題ありません。

9 時制の一致を意識できましたか／文脈から適切な時制は選べましたか

　動詞の現在・過去・過去分詞形の音を忠実に聞き取って判断することは非常に困難です。文脈や英文中の年号などの数字、文意から適切な時制を選ぶ判断が重要です。

10 修飾している部分に気づき、文構造を理解できましたか

11 挿入語（句）に気づき、文の構造を理解できましたか

　関係代名詞や副詞、形容詞（句）など、「修飾している部分」に気づくと長い英文をシンプルな文にして、文の骨格を見つけられます。**11**の副詞句や**4**にあるようなカンマで挟まれた言い換え表現など、文中の挿入語（句）も同様です。

12 大文字・小文字の区別はできましたか

　人名、地名、作品名、商品名などの固有名詞、曜日や月、祝日などのほか、省略語（頭文字をとってできた単語の場合）やGodなど英語のなかで唯一無二として扱われるものやKingなど敬意を表す時も大文字にします。本書でひとつずつ覚えましょう。

13 定冠詞と不定冠詞の使い方は理解していますか

　多くの日本人が使い分けを間違えるポイントのひとつです。基本的には英文の中で初めて出てきたことなのか既出のことなのかでa(an)なのかtheなのかを判断します。

14 倒置法に気づきましたか

　本書ではそれほど多く出てきませんが、最も伝えたいことを前にもってきて平叙文では文の後半にくるはずの語の並びが文頭にあることがあります。たいていの場合、文頭には主語がくると構えていると混乱してそれ以降の音を追えなくなるので先入観を捨て、文の倒置といった思わぬ語順にも慣れておきましょう。

15 同じ音で違うスペルの単語を適切に書き取れましたか

　同じ発音でスペルが複数ある場合があります。本書でも頻出のits「それの」とit's(it isの短縮形)は典型的な例です。その単語が出てくる位置における品詞の適性、(同じ品詞で違うスペルの場合は)文脈として適切さ、または話されている話題などから判断します。慣れていくと、英文を聞いている中で瞬時にわかるようになるはずです！

16 並列構造に気づきましたか

　andは英文の構造を読み取る大きなヒントのひとつになります。複数の単語を結んでいるのか、主語に対して2つの動詞が並列しているのか…何を結んでいるandなのかがわかると特に1文が長い英文では意味の理解がぐっと進みます。

Vocabulary〔語彙〕　16のルール

1 よく使われる表現・イディオムを書き取れましたか

　「文法」のルール **1** にもありますが、文法知識は関係なく、単純にその表現やイディオムを知っているだけで文意を理解できる場合もあります。

2 よく使われる単語を書き取れましたか

3 洗練された表現を知っていましたか

4 専門用語など聞きなれない単語を聞き取れましたか

　日本人にとっては難しい単語や聞きなれない単語でも実は、英語ネイティブスピーカーにとってはよく使う単語だったということが意外とあります。このような単語の親和性は出会うたびに習得するのが一番ですので、本書でそのきっかけを作ってみてください。

　3 も単語の親和性という意味では似たようなルールです。日本人学習者の多くは学校で学んできた、いわゆる「教科書英語」を使いがちです。そうすると表現がワンパターンになってしまうのですが、英語はひとつの文章の中で同じ単語や表現を繰り返すことを避けるので「教科書英語」表現を超える、洗練された表現の幅をきかせることが大切です。

　4 では例えばニュース用語、医学用語などその分野の話題の時には切っても切り離せない単語のことです。扱う話題によっては頻出のことも多いので本書を機に覚えましょう。

5 固有名詞がわかりましたか

6 よく使われる人名に気づきましたか

　誰もが知っているような国名、企業名、人名などは聞いただけで固有名詞だと判断つきますが、そうでない場合も多々あります。「本書で出てくる重要キーワード・概念」p.13で、リスニング中で固有名詞かどうかを判断するコツを紹介しています。

7 語源で意味を推測できましたか

8 接頭辞+単語の組み合わせの単語がわかりましたか

9 単語+接尾辞の組み合わせの単語がわかりましたか

　意味がわからない単語、初めて聞く単語の意味をリスニング中に推測するヒントとなるのが語源や接頭辞・接尾辞の知識です。これらの知識で意味の推測がつく単語が大幅に増えます。**8** の接頭辞で最もわかりやすい例が「否定を表すun-」でしょう。unable「できない」、unbelievable「信じられない」などです。語源と接頭辞・接尾辞は重複する部分もありますが本書では、(英語にとっての)外国語由来(ラテン語、フランス語など)の単語を「語源」、一般的に広く知れ渡っている単語は接頭辞・接尾辞と区別しています。

10 造語に気づきましたか

11 略語に気づきましたか

10 は、主に新語や流行語のことです。最近だとBrexitやMegxitという言葉をご存知ですか。イギリスがEUを離脱するニュースが飛び交った時に、British（イギリスの）＋exit（出口、離脱）を組み合わせてできた単語がBrexitです。同じようにハリー元王子夫妻のイギリス王室離脱問題を、メーガン元妃の名前Meghan＋exitを組み合わせて皮肉った単語がMegxitです。このように造語はその時の話題性のある言葉を文字って作ることが多いです。11 も似ていますが、よく使われる単語を省略して使われることがしばしばです。例えばAs Soon As Possibleの各単語の頭文字をとったASAPは典型的な例のひとつです。もともとは書き言葉で省略されることが多かったのですが一般的な認知度が高くなった単語は話し言葉でも使われるようになっています。

12 日本語でも似た意味の単語がわかりましたか

英語から日本語になった単語は、本来の意味とは違う意味で使われていることが多くあります。例えば日本語でスマートというと「細身の」という意味ですが英語では「賢い、おしゃれな」となり意味が異なります。

13 品詞の用法を使い分けられていますか

違う品詞でも同じスペルという単語は、リスニング中ではアクセントの位置によって品詞を聞き分けます。また書き取りをひととおり終えたところで文法的に適切な品詞を書き取るのも良いでしょう。名詞と動詞で同じスペルで、品詞によってアクセントが異なる単語を紹介します。insult（名詞: **in**・sult / 動詞: in・**sult**）、record（名詞: **re**・cord / 動詞: re・**cord**）、conflict（名詞: **con**・flict / 動詞: con・**flict**）、perfect（名詞: **per**・fect / 動詞: per・**fect**）。また名詞の用法しか知らなかった単語が実は動詞の用法もあったということもあります。辞書で意味を調べる時は、どの品詞で使われているのか確認しましょう。

14 複合名詞・形容詞に気づきましたか

「本書で出てくる重要キーワード・概念」p.10でも詳しく触れていますが、複合名詞・形容詞であることに気づかないと文の構造が読み取れないこともあります。逆に文法的に違和感を感じて複合名詞・形容詞であることに気づくこともあります。

15 アメリカ英語とイギリス英語のスペルがある単語を適切に書き取れましたか

スペルが2通りある時はイギリス英語かアメリカ英語かどちらかに統一しましょう。

16 1つの単語で様々な意味があることに気づきましたか

12 にも言えることですが、単語の意味を辞書で調べる時は必ず最初から3番目くらいまでは確認しましょう。意外な意味や品詞の使い方に出会うこともあります。

Pronunciation ［発音］　15のルール

1 Dark Lの音を聞き取れましたか

　Dark Lについては、「本書で出てくる重要キーワード・概念」p.19で詳しく触れています。語末の/l/の音が「ル」と発音されません（appleが「アッポー」に聞こえる）。このルールを知らないと音とスペルが紐づけされず、意味が理解できない原因になります。

2 似たRとLの音が続く単語を聞き取りましたか

　relativeなど単語の中にRとLがある単語は日本人が発音しにくく、聞き取りも難しい音です。発音できる音は聞き取れるようになりますのでSTEP 6で練習していきましょう。

3 tの音がd/rになる音の変化に気づきましたか(Flap T)

　アメリカ英語特有のルールですが、「英語らしい」英語を話したいと思う方はぜひ覚えておきたいルールです。waterが「ウォーター」ではなく「ワラ」に聞こえるのはこのルールからです。「本書で出てくる重要キーワード・概念」p.17に詳細がありますが、母音に挟まれたtは弾くようなd/rの音に変化します。

4 イギリス英語とアメリカ英語の発音の違いに気づきましたか

　イギリスとアメリカに限らず、国によって英語の発音に差があることはよく知られていると思います。まずは決めた国の英語に慣れてから他の国の英語の発音にも慣れていくといいですね。

5 カタカナ発音と違う音は書き取れましたか／カタカナにした時に似た発音を聞き分けられましたか
6 Short Oでカタカナ英語と違う音は書き取れましたか

　カタカナや和製英語は本来の英語の発音だけでなくアクセントも違うことが多く、英語の聞き取りを混乱させます。カタカナで日本語にもなっている英単語はイチから発音やアクセントを覚え直すようにしましょう。また、carrierとcareerの「キャリア」などカタカナにした時には同じでも英語ではスペルやアクセント、意味が違う単語があります。これも誤った発音で日本語に取り入れられているのは日本語のカタカナ表記のせいもあります。6のShort Oが典型的で、opportunityをカタカナだと「オポチュニティー」と書きますが、この音は口を縦に大きく開き、あくびをする時のような「あ」の音が近いのです。

7 スペルと違う音をきちんと書き取れましたか (Silent B)

　聞こえる音とスペルが一致しないことがあります。それがSilent BやSilent Eなどと呼ばれる現象です。発音されていないのにスペルにはBやEが残っています。例えば、climbのbは発音されませんがスペルでは必要です。

8 連結は書き取れましたか／連結によって文中で弱くなる音は書き取れましたか

連結については「本書で出てくる重要キーワード・概念」p.16で詳しく触れていますが、これも日本人が英語のリスニングを難しく感じる原因のひとつです。連結はルールを知っていると聞きなれてくるのでp.16と本書を利用してとにかく音に慣れていきましょう。

9 語頭の母音が弱まる音は書き取れましたか

アクセントが語頭以外で、語頭が母音から始まる単語の場合、特に文中で音が弱くなりがちです。そのせいで知っている単語でも聞き取れないことがあります。

10 小さい「っ」のように変わるtの音を書き取れましたか

この音のルールも「本書で出てくる重要キーワード・概念」p.18に詳細を書いていますが、本書でも時々出てきます。1や3同様、知っていると聞こえるようになります。

11 脱落する音は書き取れましたか
12 文中で弱くなる音は書き取れましたか

語末の破裂音や/th/などの無声音は脱落しがちです。また、連結することによって機能語はさらに音が弱くなり、聞き取りにくくなります。

13 数字は聞き取れましたか

多くの英語学習者がつまずく「英語の数字」の聞き取り。日本語と英語は数字の読み方の発想が違うので聞こえた数字を日本語に変換するのに慣れるまでは苦労します。この数字の聞き取りのポイントは「本書で出てくる重要キーワード・概念」p.11で整理しています。数字の桁が大きくなればなるほど難しくなりそうですが、「数字を読み取るときの英語的発想」がわかると書き取りがだいぶ楽になるはずです。

14 単数形・複数形の聞き分けはできましたか

本書ではあまり出てきていませんが、不規則な複数形(動詞の過去・過去分詞形なども同じ)knife→knives、mouse→miceなどの不規則形は知識として覚えておきましょう。

15 英語になった日本語を聞き取れましたか

kimono、tofu、sake...などそのまま英語になった日本語が近年増えています。発音は英語のアクセントや音で読むほうが通じやすいと筆者は考えています。

10秒
リスニング
2か月間
トレーニング!

Unit 01

まずは、1日1ユニットから
進めてみましょう!

Unit 60

音声を聞きながら、STEP 1 から STEP 6 の順に進めてみましょう。音声はスロースピード10回→ネイティブのナチュラルスピード3回の順に収録されています。

STEP 1 音声を聞いて聞き取れたキーワードを書いてみましょう。キーワードから連想して本文の内容を想像してみましょう。

_____

_____

_____

STEP 2 最大10回まで音声を繰り返し再生し、聞こえた英文の英単語をできるだけ多く書き取ってみましょう。カタカナではなく全てアルファベットで！なぐり書きで構いません。

> 目安：TOEIC500点台レベル ▶ 10回まで、TOEIC600点台レベル ▶ 7回まで、
> TOEIC700点台レベル ▶ 5回まで、TOEIC800点台レベル ▶ 3回まで

_____

_____

_____

STEP 3 書き取った英文を清書し、文法的に意味が通じるか確認しながら英文を見直してみてください。以下に見直しの際のポイントをあげているので、参考にしてみましょう。

_____

_____

_____

□ 複数形のSは書き取れましたか
□ 三単現のSは書き取れましたか
□ 言い換え表現を理解できましたか
□ 固有名詞がわかりましたか
□ 単語＋接尾辞の組み合わせの単語がわかりましたか
□ Short Oでカタカナ発音と違う音は書き取れましたか
□ 連結によって文中で弱くなる音は書き取れましたか

スクリプト&解説

Many top G1executives have serious P1hobbies. V1Warren Buffet G2plays the ukulele. V2Larry Ellison, V3founder of Oracle, G3sails competitively. V4Oprah Winfrey G4reads books. David Solomon, CEO of V5Goldman Sachs is G5a DJ. His P2hobby is so serious to the point P3that he has released his own CD.

文法 Grammar

G1 ▶ 冒頭のManyがexecutivesにかかっているので、複数形のsが必要です。

G2 G3 G4 ▶ G2は主語がWarren Buffet (He)で三人称単数形なので後ろにsが必須となります。後に続くsails, readsも主語が人名なのでG2同様です。

G5 ▶ この文はカンマを等号記号(=)に変換すると理解できます。雑誌や新聞記事など字数制限があって、かつたくさんの情報量を盛り込みたい時によく使われます。この場合だとDavid Solomon = CEO of Goldman SachsなのでシンプルにするとDavid Solomon（またはCEO) is a DJとなり、aが必要だとわかります。

語彙 Vocabulary

V1 V2 V4 V5 ▶ Warren BuffetやLarry Ellison、Oprah Winfreyは世界的に著名な人物でOracleはアメリカの大手ITソフトウェア企業、Goldman Sachsはアメリカの大手投資銀行なので覚えておくといいでしょう。

V3 ▶ founderは「創始者、創設者」。found＋erに分割するとfoundは動詞「創設する、設立する」で-erは「～をする人」という意味の接尾辞。teacherやsingerも同じerの接尾辞でできています。

発音 Pronunciation

P1 P2 ▶ 「ホビー」というカタカナ英語で覚えていると聞き取れない可能性があります。hobbyのoはShort Oで口を大きく開いて「あ」という音でhabbyのように聞こえます。

P3 ▶ 機能語のthatは非常に弱く、「ザ」が聞こえるかどうかです。また、文の途中に出てくる代名詞heはhの音が脱落することが多く、同様にその後のhasも現在完了形を作るための機能語でしかないのでhの音も脱落しがちです。その結果、that he hasはカタカナで表現すると「ザリーラズ」に近い音で聞こえます。

STEP 5 STEP 4 のスクリプトから和訳を書いて、意味を確認しましょう。ここでは訳すことで意味がしっかりと理解できているかを確認します。

_____

_____

_____

_____

和訳 多くのビジネス・エグゼクティブは真剣な趣味を持っています。ウォーレン・バフェット氏はウクレレを弾きます。オラクルの創業者、ラリー・エリソン氏はセーリングの競技に出場するほどです。オプラ・ウィンフリー氏は読書が趣味です。ゴールドマン・サックス社のCEOのデビッド・ソロモン氏の趣味はDJです。ソロモン氏は趣味が高じてDJとしてCDデビューも果たしました。

ボキャブラリー

□ **executive** (n)：会社の幹部、経営層
□ **serious** (adj)：真剣な、熱中している
□ **founder** (n)：創業者
□ **competitively** (adv)：競技して、他に負けず
□ **to the point that〜** ：〜に至るまで

ex ▶ At first I was nervous, but as I continued the lessons I became more and more comfortable, **to the point that** now I actually enjoy it.「はじめは不安でしたが、授業を続けていくにしたがって、だんだんと心地よくなり、実際に楽しめるまでになりました」

テーマのコラム

ラリー・エリソンとオプラ・ウィンフリーってどんな人？
IT企業オラクルの創業者であり、世界有数の億万長者であるラリー・エリソン。ラリーが、セーリングに出会ったのは、1966年カリフォルニア大学でセーリングクラスを受講した22歳の時でした。
オプラ・ウィンフリーは最も裕福なアフリカ系アメリカ人です。女優、テレビ番組の司会者兼プロデューサー、慈善家です。オプラが司会を務める番組『オプラ・ウィンフリー・ショー』はアメリカのトーク番組史上最高の番組であると評価され、多数の賞を受賞しています。

STEP 6　以下の矢印やハイライトを参考にスクリプトを音読し、単語や音のリズムを身
につけましょう。発音できる音は聞き取れるようになります。

Many top ①**executives** / have serious hobbies. ↓
Warren Buffet / plays the ②**ukulele**. ↓
Larry Ellison, ↓ / ★**founder of Oracle**, ↑ / sails competitively. ↓
Oprah Winfrey ↑ / reads books. ↓
David Solomon, ↓ / CEO of Goldman Sachs ↑ / is a DJ. ↓
His hobby / is so serious / to the point that / he has released / his own CD. ↓

発音（単語）

① **executives** [ɪɡˈzekjʊtɪvz] (uhg ·**zeh** ·kyuh ·tuhvz)
アクセントの位置に気をつけましょう。第2音節の /zeh/ の音を伸ばして他の文節は短く
発音します。後半のtの音は前後がuとiの2つの母音で挟まれているのでFlap Tで「ティ」
よりも「リ」の音として発音すると自然に聞こえます。
カタカナの「エグゼクティブ」と比較した時、「エ」が英語では吐息のような軽い /uh/ の
音になります。そのかわりアクセントがある「ゼ」が倍近く長くなります。「ク」は「キュ」になり
「ティブ」は「リブ」に近い音になります。こうしてみると、カタカナ通りの発音を期待してい
るとexecutivesを聞き取ることができないのは明らかですね。

② **Ukulele** [juːkəˈleɪli] (yoo ·kuh ·**lei** ·lee)
ウクレレは「ウ」ではなく「ユ」という発音をします。kuは短く、そして第3音節の /lei/ にしっ
かりアクセントを置きましょう。余裕があればLの発音の精度を上げましょう。舌先をしっ
かり前歯裏の生え際に押しあてて離しながら発音し、クリアなLを発音しましょう。

発音（連結）

★founder of Oracle
間のofの発音は「オブ」ではなく息が漏れる /uh/ です。founderの後ろに連結させます。
founderuhで止めてからOracleの前にvの音を連結させてvOracleと発音。founderuh
vOracleとなります。

複合名詞

人名や企業名などの固有名詞は、ひとかたまりでさらっと言えるようにしましょう。

DL-02

音声を聞きながら、STEP 1 から STEP 6 の順に進めてみましょう。音声はスロースピード
10回→ネイティブのナチュラルスピード3回の順に収録されています。

STEP 1 音声を聞いて聞き取れたキーワードを書いてみましょう。キーワードから連想し
て本文の内容を想像してみましょう。

_____

_____

_____

_____

STEP 2 最大10回まで音声を繰り返し再生し、聞こえた英文の英単語をできるだけ多く
書き取ってみましょう。カタカナではなく全てアルファベットで！なぐり書きで構いません。

目安：TOEIC500点台レベル▶10回まで、TOEIC600点台レベル▶7回まで、
TOEIC700点台レベル▶5回まで、TOEIC800点台レベル▶3回まで

_____

_____

_____

_____

STEP 3 書き取った英文を清書し、文法的に意味が通じるか確認しながら英文を見直し
てみてください。以下に見直しの際のポイントをあげているので、参考にしてみましょう。

_____

_____

_____

_____

□ 文脈から適切な時制は選べましたか
□ 接頭辞＋単語の組み合わせの単語がわかりましたか
□ よく使われる表現・イディオムを書き取れましたか
□ 連結は書き取れましたか
□ 文中で弱くなる音は書き取れましたか
□ カタカナ発音と違う音は書き取れましたか

スクリプト&解説

Japanese prisons G1are sometimes called "nursing homes" because P1one in five inmates G2are over the age of 60. Elderly prisoners tend to V1recommit crimes P2because they often lack family and P3financial support and prefer prison life. This is becoming a V2burden on the Japanese criminal justice system.

文法 Grammar

G1 ▶ Japanese prisonsが主語で、文脈から考えてare sometimesのあとのcalledは過去分詞なので、聞き取りにくい音ですが、areが必要になります。

G2 ▶ because以降の文節の主語はone in five inmates。この主語は「(60歳以上の受刑者は複数人いて)その割合が全体の5人に1人」という意味ですので複数形のareが自然だとわかります。

語彙 Vocabulary

V1 ▶ 接頭辞reは「再び、元へ、何度も」、commitは「犯す」で、re＋commitは「再犯する」という意味だとわかるでしょう。reの接頭辞がつく単語は他にreborn、retry、redo、reuse、reviewなどがあります。

V2 ▶ burdenは「重荷、負荷」という意味の名詞。be a burden on～「～に迷惑をかける」というイディオムがよく使われます。
Ex)I don't want to **be a burden on** you.「あなたにご迷惑をおかけしたくありません」

発音 Pronunciation

P1 ▶ one inはカタカナで表記すると「ワン・イン」ではなく「ワニン」。five inmatesは「ファイヴ・インメーツ」でなく「ファイヴィンメーツ」。連結のルールを知っていると、連結する音を2つの独立した単語に冷静に切り分けられるようになり、正解が導けます。

P2 ▶ 会話で頻繁に使われる単語なのでいちいち「ビコーズ」とはっきり発音せず、短く「(ビ)カズ」のように発音します。

P3 ▶ カタカナ英語では「フィナンシャル」とも「ファイナンシャル」とも聞くかもしれませんが、アメリカ・イギリス英語ともに基本的に「ファイナンシャル」と発音します。

STEP 5 STEP 4 のスクリプトから和訳を書いて、意味を確認しましょう。ここでは訳すことで意味がしっかりと理解できているかを確認します。

_____

_____

_____

_____

和訳 　日本の刑務所は「老人ホーム」と呼ばれることがあります。受刑者の5人に1人が60歳以上だからです。高齢の受刑者は再犯する傾向にあり、それは周りに頼れる家族がいない、経済的に苦しいといった理由から刑務所暮らしのほうを好むからです。こういった社会現象は日本の司法制度を圧迫しています。

ボキャブラリー

☐ **nursing home** (n)：老人ホーム・養護施設
☐ **tend to〜** (v)：〜する傾向がある、しがちである
ex▶ I **tend to** get sleepy after lunch.「ランチのあとは眠くなりがちだ」
☐ **lack** (v)：〜が欠如している、〜を欠いている
☐ **burden** (n)：重荷

テーマのコラム

世界の刑務所収容率

世界の刑務所事情に目を向けると、過密収容が大きな問題となっています。刑務所の収容率世界1位のハイチは454.4%。フィリピン、エルサルバドルと続きます（2020年5月時点）。収容率の高い国の刑務所では管理が行き届かない、食糧不足、病気の蔓延などの問題を抱えています。

アメリカは収容率99%で世界の国々と比較するとそのランキングは100位前後。そんなアメリカですら、カリフォルニア州の刑務所で過去にハンガーストライキが行われことがあります。日本の刑務所収容率は70%程度。世界的に見てもとても居心地がいいことが読み取れます。老人ホーム化してしまうのは必然かもしれません。

STEP 6 **以下の矢印やハイライトを参考にスクリプトを音読し、単語や音のリズムを身につけましょう。発音できる音は聞き取れるようになります。**

Japanese prisons / are sometimes / called ①"**nursing homes**" ↓
because / one in five ②**inmates** / are over / the age of 60. ↓
Elderly prisoners / tend to / recommit / crimes ↑
because they often ③**lack** / family ↑ / and financial support ↓
and prefer / prison life. ↓
This is becoming / a burden / on the Japanese / criminal justice system. ↓

発音（単語）

① **nursing homes** [ˈnɜːrsɪŋ həʊmz] (**nur** ˈsuhng howmz)
複合名詞の場合、先頭の単語にアクセントがくるのでしたね。
また、スクリプトをみるとnursing homesにはquotation marks（日本語のカギかっこに相当）
がついています。これは皮肉を込めた表現であることを表しています。日本の刑務所は
あまりに快適でまるで老人ホームのようだと呆れた口調で伝えています。

② **inmates** [ˈɪnˌmeɪts] (**in** ˈmeits)
発音そのものはスペルどおりに発音すれば良いので難しくありませんが、アクセントに注
意です。語頭にあります。

③ **lack** [læk] (lak)
lackは「不足」という意味の名詞で知っている方が多いかもしれませんが「不足してい
る、欠如している」という意味の動詞としても使用されます。lackのaは口を「え」を発音す
る時のように横に開き、「あ」と発音しましょう。似て非なるluckという単語と混同しない
ように気をつけましょう。luckの母音はあいまい母音です。「あ」でも「う」でもない、口を
緩く開いて「あ」というような音ですのでlackとluckでは母音が異なります。

複合名詞

nursing homes, prison life, criminal justice system

LGBT
Inclusivity

音声を聞きながら、STEP 1 から STEP 6 の順に進めてみましょう。音声はスロースピード10回→ネイティブのナチュラルスピード3回の順に収録されています。

STEP 1 音声を聞いて聞き取れたキーワードを書いてみましょう。キーワードから連想して本文の内容を想像してみましょう。

_____

_____

_____

_____

STEP 2 最大10回まで音声を繰り返し再生し、聞こえた英文の英単語をできるだけ多く書き取ってみましょう。カタカナではなく全てアルファベットで！なぐり書きで構いません。

> 目安：TOEIC500点台レベル▶10回まで、TOEIC600点台レベル▶7回まで、
> TOEIC700点台レベル▶5回まで、TOEIC800点台レベル▶3回まで

_____

_____

_____

_____

STEP 3 書き取った英文を清書し、文法的に意味が通じるか確認しながら英文を見直してみてください。以下に見直しの際のポイントをあげているので、参考にしてみましょう。

_____

_____

_____

□ 文脈から適切な時制は選べましたか
□ よく使われる表現・イディオムを書き取れましたか
□ 時制の一致を意識できましたか
□ 固有名詞がわかりましたか
□ 接頭辞+単語の組み合わせの単語がわかりましたか
□ イギリス英語とアメリカ英語の発音の違いに気づきましたか
□ 連結によって文中で弱くなる音は書き取れましたか

スクリプト＆解説

Passengers who don't identify as P1either "male" P2or "female" G1will have more gender options to G2choose from when booking tickets. V1United is determined to lead the industry in LGBT inclusivity. The US airline G3will offer multiple gender options, including U P3for V2undisclosed and X for V3unspecified.

┃ 文法 Grammar

G1▶ 1文目の主語は「[男性]、[女性]のどちらにもあてはまらない搭乗者」です。これまでの男性と女性という2つの性とは異なる、新たな性別について話しているので(だからこそニュースとして取り上げられるため)未来形のwill haveが使われます。

G2▶ chooseは「選択する」。choose from〜で「(限定された選択肢の中)から選ぶ」となります。今回は「(今後増える)性別から選ぶ」という意味でchoose fromが使われています。

G3▶ G1で時制は未来と判断をしたので、以後ニュース記事全体を通して未来形を使いましょう。時制の統一の意識を。

┃ 語彙 Vocabulary

V1▶ UnitedはUnited Airlines「ユナイテッド航空」の略です。アメリカを代表する航空会社は他にAmerican(アメリカン航空)、Delta(デルタ航空)が有名です。

V2 V3▶ un＋disclosedに分解しましょう。discloseは「開示する」という動詞。接頭辞un「〜ない」とくっついて、「開示しない」→「非公開」となります。NDA(Non disclosure agreement)「秘密保持契約」のdiscloseですね。**V3**はun＋specifiedに分解。specifyは「明示する」という動詞。unとくっついて、「明示しない」→「不特定」となります。IT用語でお馴染みのspecification「仕様」の元の動詞はspecifyです。

┃ 発音 Pronunciation

P1▶ 「イーザー」(ee・thr)がアメリカ英語、「アイザー」(ai・thr)がイギリス英語と言われていますが、どちらの発音を選ぶかは好みで大丈夫です。アメリカ人でも半々に分かれます。

P2 P3▶ orは文中では/er/という音になり、maler femaleと聞こえます。forも**P2**のorと同様orが/er/と弱い音になり、ferと聞こえます。

_____

_____

_____

_____

和訳　「男性」か「女性」かという性別の区分に当てはまらない搭乗者は今後航空チケットを予約する際に性別の選択肢が増えることになります。ユナイテッド航空はLGBTの参画という面で業界をリードすると意気込んでいます。このアメリカの航空会社は「非公開」を表すUや「不特定」を表すXなどの複数の性別の選択肢を用意します。

┃ ボキャブラリー

- □ **book** (v)：〜を予約する
- □ **determine** (v)：〜を決心する
- □ **industry** (n)：業界
- □ **inclusivity** (n)：包括性
  ＊形容詞inclusiveに接尾辞-ityを足した名詞。

テーマのコラム

LGBTへの考え方が最も進んでいるアメリカ

アメリカは世界でLGBTの社会運動が最も進んでいる国のひとつです。性的少数者の社会的な受容を積極的に推し進めています。多数派に属しているとマイノリティーの苦しみに鈍感になりがちですが、社会のあらゆる場面で性別に関する区別をしています。例えば、トイレや更衣室のあり方も今後真剣に向き合わなければならない問題です。

性別を2つに分けるという概念を子どもの頃から押し付ける社会のあり方に意義を唱える親もいます。今では性別はそもそも自分で選ぶものであるという主張もあります。例えば、一部では男の子は青い服、女の子はピンクの服を着させられるという固定概念も洗脳であると叫ばれています。

STEP 6 以下の矢印やハイライトを参考にスクリプトを音読し、単語や音のリズムを身につけましょう。発音できる音は聞き取れるようになります。

Passengers / who don't ①**identify** / as either "male" ↑ or "female" ↓
will have more / gender options / to choose from / when booking tickets. ↓
★1 United is / ②**determined** to / lead the industry / in LGBT ③**inclusivity**. ↓
The US airline / will offer / ★2**multiple gender options**, ↓
including U / for undisclosed ↑ / and X / for unspecified. ↓

発音（単語）

① **identify** [aɪˈdentɪfaɪ] (ai ·**den** ·tuh ·fai)
第2音節にアクセントがきます。カタカナ英語から離れられない方にとってidentifyは発音しにくく、聞き取りにくいでしょう。アクセントがある第2音節のden「デン」が際立つように語頭の「アイ」を強く発音しすぎないように。

② **determined** [dɪˈtɜː(r)mɪnd] (duh ·**tur** ·muhnd)
第2音節にアクセントがきますのでterをしっかり伸ばします。第1音節のdeは短く、第3音節のmineは「ミン」より「ムン」に近く言いましょう。

③ **inclusivity** [ˌɪnkluːˈsɪvəti] (in ·kluh ·**see** ·vi ·tee)
音節の数が増えていくにつれアクセントの位置の正しさが、より重要になります。また、音節が増えるとアクセントの数も増えます。inclusivityの第1アクセントは第3音節のsi。第2アクセントは第1音節のin。inclusiveはcluにアクセントが置かれるので引きずられないように。

イントネーション

★1 2文目はleadが頂点になるようにleadまでイントネーションを緩やかに上げてそれ以降下ろします。

複合名詞

★2 **multiple gender options** [ˈmʌltɪp(ə)l ˈdʒendə(r) ˈɑːpʃ(ə)nz] (**muhl** ·tuh ·pl **jen** ·dr **aap** ·shnz)
内容語が3つ連続で登場するのは稀なので、このセンテンスの発音のリズムを作り出すのが難しいと感じるかもしれません。間に機能語を挟まないので強弱の流れを作り出せないのです。multipleとgender optionsの間に一拍おいて区切ると発音しやすくなります。意味としても「複数の」「性別の選択肢」なので、自然な区切りになります。また、gender optionsは「性別の選択肢」という複合名詞なので、くっつけて1つの単語として発音します。

04 Hindu Philosophy

DL-04

音声を聞きながら、STEP 1 から STEP 6 の順に進めてみましょう。音声はスロースピード 10回→ネイティブのナチュラルスピード3回の順に収録されています。

STEP 1 音声を聞いて聞き取れたキーワードを書いてみましょう。キーワードから連想して本文の内容を想像してみましょう。

_____

_____

_____

_____

STEP 2 最大10回まで音声を繰り返し再生し、聞こえた英文の英単語をできるだけ多く書き取ってみましょう。カタカナではなく全てアルファベットで！なぐり書きで構いません。

目安：TOEIC500点台レベル ▶ 10回まで、TOEIC600点台レベル ▶ 7回まで、
TOEIC700点台レベル ▶ 5回まで、TOEIC800点台レベル ▶ 3回まで

_____

_____

_____

_____

STEP 3 書き取った英文を清書し、文法的に意味が通じるか確認しながら英文を見直してみてください。以下に見直しの際のポイントをあげているので、参考にしてみましょう。

_____

_____

_____

_____

□ 複数形のSは書き取れましたか
□ 三単現のSは書き取れましたか
□ 品詞の用法を使い分けられていますか
□ 脱落する音は書き取れましたか
□ 連結は書き取れましたか

STEP 4 答え合わせをし、正しく書き取れなかった部分を確認し、その原因を分析しましょう。

スクリプト＆解説

G1Recent studies P1have revealed that "successful" people suffer as they V1age because they lose G2abilities that were gained over many years of hard work. Hindu philosophy G3suggests that you should be P2prepared to P3walk away from your successes before you feel ready.

文法 Grammar

G1 ▶ もしstudyと聞こえたと思ったならばA recent studyとなるはず。続く動詞がhave revealedであることからも主語であるrecent studiesが複数形だと予測できます。

G2 ▶ 意味からも「人間は歳を重ねるごとに能力を失う」といった時、「複数の能力」を失うと考えるのが自然です（例えば、物忘れ、機敏な動き、視力、聴力など）。単数形であればthe abilityなど冠詞が必要です。

G3 ▶ 主語がHindu philosophyなのでsuggestsの三単現のsを落とさないように。

語彙 Vocabulary

V1 ▶ ageは「年齢」という名詞が一般的に知られていますが「年を取る」という動詞としての用法があることもインプットしましょう。最近流行のエージドビーフ（熟成肉）もagedという動詞です。
Ex）She hasn't **aged** a bit!「彼女は全く老けない！」

発音 Pronunciation

P1 ▶ have revealedのhaveはほとんど発音として聞こえません。haveが/v/という子音で終わっていてrevealedもまた/r/という子音で始まっています。子音同士が連続する場合、1つめのhaveの/v/の音が脱落するのです。同化（Assimilation）のルールですね。

P2 ▶ prepared toとprepare toの発音はほぼ同じに聞こえます。preparedがdという子音で終わっていてtoもまた子音で始まっているのでpreparedのdの音が脱落します。同化（Assimilation）のルールですね。

P3 ▶ walkがkという子音で終わっていてawayのaという母音で始まるので、walkawayと連結して発音をします。しいてカタカナで書くと「ウォーク・アウェイ」でなく「ウォーカフェイ」となります。

| 和訳 | 最近の研究で、「成功した」人ほど、加齢によって、長年の努力で得た自らの能
力を喪失していくことについて思い悩むことが明らかになりました。ヒンドゥー哲学は、
必要に迫られる前に、その成功を手放す準備を整えるべきだと示唆しています。

ボキャブラリー

□ **suffer** (v)：苦しむ、悩む
□ **Hindu** (n)：ヒンドゥー教
□ **philosophy** (n)：哲学
□ **walk away from〜**：〜から歩み去る、〜から逃れる

テーマのコラム

西洋の「スピリチュアル」

アメリカではヒンドゥー教、仏教、儒教、禅の哲学を「スピリチュアル」と総称し、そこ
から深い知恵や学びを得ているビジネスパーソンが少なくありません。日本人が
西洋のカルチャーに憧れるように、西洋の方はオリエンタルでエキゾチックな教え
に魅力を感じるようです。

儒教の教えのひとつである「年上の人を敬う」という概念は、キリスト教が主である
西洋人にとっては驚くような考え方です。キリスト教では神の下ではみな平等とい
う考えの元、育っているので、「年が上だから」というだけで尊敬されることは斬新
に映ります。

禅はスティーブ・ジョブズはじめ、有名な実業家たちが実践していてここ最近、世
界的に広がってきています。集中力を高める、ストレスを減らすなどの効果があると
言われています。

STEP 6　以下の矢印やハイライトを参考にスクリプトを音読し、単語や音のリズムを身につけましょう。発音できる音は聞き取れるようになります。

Recent studies / have ①**revealed** ★1**that** ②"**successful**" people ↑
suffer / as they age ↓ because they / lose abilities / ★2**that** were gained ↑
over many years / of hard work. ↓
③**Hindu philosophy** / suggests ★3**that** ↑ you should be / prepared to ↑
walk away / from your successes / before you feel / ready. ↓

発音 (単語)

① **revealed** [rɪ'viːld] (ruh ·**veeld**)
revealの語頭のrはしっかりと舌を巻きましょう。rの前に/w/の音を入れて口角の筋肉をゆっくりと動かしながら発音すると良いです。

② **successful** [sək'sesf(ə)l] (suhk ·**seh** ·sfl)
第2音節にアクセントがきます。アクセントが置かれている/seh/の音はしっかりのばします。第3音節のfulは「フル」ではなくDark Lなので「フォー」に近い発音になります。ここで"successful"となっているのはいわゆる「成功者」だけれど、定義は人によって様々という意味合いです。

③ **Hindu philosophy** [ˌhɪn'duː fɪ'lɑːsəfi] (**hin** ·doo fuh ·**laa** ·suh ·fee)
Hindu philosophyは複合名詞なのでアクセントはHinduにきます。HinduのHiの母音を長く、そして高い音で発音します。

イントネーション

★**that**の発音は短く、吐き捨てるように「ダ」。that以降の文章が際立つための助走だと思って発音してください。thatがあるところを1つずつ見ていきましょう。★1 successful peopleがこの一節の真ん中で山の頂点になるようにイントネーションをあげていき、suffer以降下げていきます。★2も同様で、were gainedがこの一節の真ん中で山の頂点になるようにイントネーションをあげていき、over many years以降を下げていきます。★3はyou should beが機能語なのでprepared toが山の頂点になるようにイントネーションを上げていき、walk away以降イントネーションを下げていきます。

複合名詞

Hindu philosophy

音声を聞きながら、STEP 1 から STEP 6 の順に進めてみましょう。音声はスロースピード
10回→ネイティブのナチュラルスピード3回の順に収録されています。

STEP 1 音声を聞いて聞き取れたキーワードを書いてみましょう。キーワードから連想し
て本文の内容を想像してみましょう。

_____

_____

_____

STEP 2 最大10回まで音声を繰り返し再生し、聞こえた英文の英単語をできるだけ多く
書き取ってみましょう。カタカナではなく全てアルファベットで！なぐり書きで構いません。

目安：TOEIC500点台レベル▶10回まで、TOEIC600点台レベル▶7回まで、
TOEIC700点台レベル▶5回まで、TOEIC800点台レベル▶3回まで

_____

_____

_____

STEP 3 書き取った英文を清書し、文法的に意味が通じるか確認しながら英文を見直し
てみてください。以下に見直しの際のポイントをあげているので、参考にしてみましょう。

_____

_____

_____

☐ 複数形のSは書き取れましたか

☐ よく使われる表現・イディオムを書き取れましたか

☐ 数字は聞き取れましたか

☐ Short Oでカタカナ英語と違う音は書き取れましたか

STEP 4 **答え合わせをし、正しく書き取れなかった部分を確認し、その原因を分析しましょう。**

スクリプト＆解説

V1All around the world, infrastructure G1planners are adopting a technique to solve the P1problem of roadkill. Wildlife G2overpasses V2caught on in Europe in the V31950s and have spread around the world since. There are now G3overpasses used by moose in P2Canada, bobcats in Montana, and crabs on Christmas Island.

文法 Grammar

G1 G2 G3 ▶ infrastructure planners、(wildlife) overpassesの複数形のsの聞き落とし注意。**G1**は前にAll around the worldとあるので「世界中のプランナー」が主語になるとわかり、複数だと推測できます。**G2**の「ヨーロッパに広まった陸橋」と**G3**の「多くの国々の多種多様な生物のための陸橋」も複数の陸橋がイメージできます。

語彙 Vocabulary

V1 ▶ All around the worldはよく使われる表現なのでこのまま暗記しましょう。OasisやJustin Bieberなどの大物アーティストもこのタイトルで曲を出しています。

Ex）Our company has branches **all around the world.**「弊社は世界中に支社があります」

V2 ▶ catch on〜「〜の人気を博する、流行る」という意味。

Ex）The new product didn't really **catch on.**「新製品はあまり流行らなかった」

V3 ▶ 1950sは、数字の後に-sをつけて年代を表す表現。50年代は50年、51年、52年…と複数の年があるので1950sと複数形となります。nineteen fiftiesと発音します。

発音 Pronunciation

P1 ▶ problemのoはShort Oです。「お」よりも「あ」に近い音で、口を縦に大きく開いて発音します。prやblなどの連続する子音、Consonant Cluster（子音クラスター）は間に母音を入れないので、カタカナの「プロブレム」とは発音が大きく異なります。

P2 ▶ 日本語では「カナダ」、英語では「キャナダ」と聞こえます。しかし、Canadianになると「カ」に聞こえるので注意。これはCanadaではCaに、Canadianではnaにアクセントが置かれるため。Caにアクセントの場合「キャ」、それ以外は「カ」に聞こえます（発音記号で言うと、Canadaは[ˈkænədə]、Canadianは[kəˈneɪdiən]）。例えば、camera、calcium、Californiaなども「キャ」の音に聞こえます。

STEP 5 STEP 4のスクリプトから和訳を書いて、意味を確認しましょう。ここでは訳すことで意味がしっかりと理解できているかを確認します。

_____

_____

_____

_____

和訳 世界中のインフラ整備に携わる人々は、ロードキル問題を解決すべく、ある手法を採用しています。1950年代、ヨーロッパで野生動物専用の陸橋が人気を博し、それ以降世界中に広がっていきました。現在、カナダのムース、モンタナ州のボブキャット、クリスマス島のアカガニが使用するための陸橋があります。

ボキャブラリー

□ **infrastructure** (n)：インフラ、基盤
□ **adopt** (v)：〔方法・方針・態度など〕を採用する
□ **roadkill** (n)：ロードキル、路上で車にはねられて死んだ動物
□ **overpass** (n)：オーバーパス、陸橋
□ **bobcat** (n)：ボブキャット（動物）

テーマのコラム

動物専用の陸橋

森を分断する道路は、日本中・世界中にあります。それらは、枝を道とする樹上動物の移動・営巣・繁殖・食餌などの生活と生存そのものに大きな影響を与えています。アニマルパスウェイは、森林を貫く道路や森林開発などの影響で、森林間を移動できなくなった樹上動物のための歩道橋です。

bobcat

moose

Crabs

STEP 6　以下の矢印やハイライトを参考にスクリプトを音読し、単語や音のリズムを身につけましょう。発音できる音は聞き取れるようになります。

All around the world, ↓
①**infrastructure** planners / are adopting / a ②**technique** / to solve / the problem /of roadkill. ↓
Wildlife overpasses / caught on / in Europe / in the ③**1950s** ↑
and have spread / around the world / since. ↓
There are now / overpasses / used by ↑
★**moose in Canada, / bobcats / in Montana, / and crabs / on Christmas Island**. ↓

発音（単語）

① infrastructure [ˈɪnfrəˌstrʌktʃə(r)] (**in**‧fruh‧**struhk**‧chr)
frとstrはいずれもConsonant Clusterで、間に母音が入ることなく子音が2つ、3つ連なっています。frもstrもrの発音に意識を強く持って発音します。この単語もアクセントが2つあります。第1アクセントが語頭のinで第2アクセントが第3音節のstrucです。

② technique [tekˈniːk] (tek‧**neek**)
「テクニック」というカタカナと混同せずに英語の発音をしっかり習得しましょう。全体で音節は2つあります。第2音節のniqueにアクセントがきます。「ニーク」としっかり伸ばしながら発音します。第1音節のtechはできるだけ短く発音します。

② 1950s [ˌnaɪnˈtiːn ˈfɪftiz] (nain‧**teen** fif‧teez)
年号は前2桁の19と後ろ2桁の50に分けて発音します。nineteen fiftiesとなります。nineteenとninetyの発音が似ていて難しいですが、19の場合は後ろのteenにアクセントを置き、伸ばします。90の場合は前のnineのiの母音にアクセントを置きます。

イントネーション

★moose in Canada, bobcats in Montana, and crabs on Christmas Island
動物名と場所名(moose, bobcats, crabs, Canada, Montana, Christmas Island)を際立たせ、内容語をしっかり伝えるようにします。A(moose in Canada↑),B(bobcats in Montana↑),and C(crabs on Christmas Island↓)のイントネーションも気をつけましょう。

複合名詞

Infrastructure planners, wildlife overpasses, Christmas Island

Internships

DL-06

音声を聞きながら、STEP 1 から STEP 6 の順に進めてみましょう。音声はスロースピード
10回→ネイティブのナチュラルスピード3回の順に収録されています。

STEP 1 音声を聞いて聞き取れたキーワードを書いてみましょう。キーワードから連想し
て本文の内容を想像してみましょう。

STEP 2 最大10回まで音声を繰り返し再生し、聞こえた英文の英単語をできるだけ多く
書き取ってみましょう。カタカナではなく全てアルファベットで！なぐり書きで構いません。

> 目安：TOEIC500点台レベル ▶ 10回まで、TOEIC600点台レベル ▶ 7回まで、
> TOEIC700点台レベル ▶ 5回まで、TOEIC800点台レベル ▶ 3回まで

STEP 3 書き取った英文を清書し、文法的に意味が通じるか確認しながら英文を見直し
てみてください。以下に見直しの際のポイントをあげているので、参考にしてみましょう。

- □ 複数形のSは書き取れましたか
- □ よく使われる単語を書き取れましたか
- □ 複合名詞・形容詞に気づきましたか
- □ カタカナ発音と違う音は書き取れましたか
- □ Dark Lの音を聞き取れましたか

答え合わせをし、正しく書き取れなかった部分を確認し、その原因を分析しましょう。

スクリプト＆解説

The highest-paid **G1**interns in America earn more than **P1**double the wage of the average US worker. While the **V1**median income in the US is $43,400, Facebook interns are getting paid **G2**up to **P2**almost $96,000 a year. These **V2**dream jobs are not easy to get and require high-level skills.

文法 Grammar

G1 ▶ internsの複数形のsの聞き落としに注意。「アメリカで最も高額な給与を支払われているインターン」は人数は少ないかもしれませんが1人ではなく複数人います。

G2 ▶ Facebook interns get paid $96,000 a year.でも文法的に問題ありません。しかし、これだと「Facebookのインターン生は全員、年間$96,000支払われる」という意味になります。get paidの後ろにup toを入れることで「最大で」という意味が加わり、支払額はインターン生によってばらつきがあるというニュアンスが加わります。up toの代わりにas much asを使って、Facebook interns get paid as much as $96,000 a year.としてもほぼ同じ意味ですが、up toのほうがインターン生の間の給与額にばらつきが大きく、as much asのほうがそのばらつきが小さく感じます。

語彙 Vocabulary

V1 ▶ medianは「中央値」。中央値とは、データを1つずつ小さい順に並べた時に中央に位置する値のことです。データ個数が偶数個の場合、中央に近い2つの値の平均を取ります。mean, median, modeの3つの違いをご存じですか。一般的に「平均」という時はmeanを使います。modeは「あるデータ群の中に最も頻繁に出現する値」のこと。

V2 ▶ dream jobsは「理想の仕事」という意味の複合名詞。ここでdreamは「夢のような」という意味で、dream life「理想の人生」、dream home「理想の家」、dream car「理想の車」のように使います。

発音 Pronunciation

P1 P2 ▶ doubleはカタカナ英語の「ダブル」より「ダボー」に近い発音です。単語の最後にくるLはDark Lなので「オー」と伸ばす音に近いです。apple アップル→アッポー／tunnel トンネル→タノーなどもDark Lで発音する基本単語です。**P2**のalmostも「オールモスト」より「アーモー」に近い発音です。先頭のalは「お」の口で「あ」と発音し、「アー」という音に近く聞こえます。always、also、although などの単語も同様の発音です。

STEP 5 STEP 4 のスクリプトから和訳を書いて、意味を確認しましょう。ここでは訳すこと
で意味がしっかりと理解できているかを確認します。

_____

_____

_____

_____

和訳 アメリカで最も給与の高いインターン生は、平均的なアメリカ人労働者の倍
以上もの賃金を稼ぎ出します。アメリカ全体の収入の平均は43,400ドルなのに対し、
Facebookのインターン生には年間最大96,000ドルが支払われます。この夢のような仕
事を手に入れるのは簡単なことではなく、高いレベルのスキルが求められます。

ボキャブラリー

- ☐ **wage** (n)：賃金、時間給
- ☐ **median** (n)：メジアン、中央値
- ☐ **income** (n)：所得、収入
- ☐ **require** (v)：〜を必要とする

テーマのコラム

アメリカのインターン事情

アメリカの就職活動は日本と異なり、インターンシップ経験がほぼ必須です。そのた
め大学3年生の夏には（場合によってはもっと早くから）希望の業界でインターンシップ
を確保することが重要になってきます。

そこでの就労経験を通して自分がこの業界に向いているのか、自分の適性はどう
なのかを見極めます。インターンシップ先に気に入られると、そのまま採用されると
いうこともよくあることです。就職面接を受ける際に、インターンシップ先からの推
薦状を要求されることも多々あります。

STEP 6 **以下の矢印やハイライトを参考にスクリプトを音読し、単語や音のリズムを身につけましょう。発音できる音は聞き取れるようになります。**

The ①**highest-paid** interns / in America / earn more than ↑
double the wage / of the average / US worker. ↓
While the/ ②**median** income / in the US / is ③**$43,400** ↑
Facebook interns / are getting paid up to almost ④**$96,000** / a year. ↓
These dream jobs / are not easy to get ↑
and require / high-level skills. ↓

発音（単語）

① **highest-paid** [ˈhaɪest peɪd] (**hai** ·uhst peid)
複合形容詞（compound adjective）です。
複合形容詞なので最初の単語にアクセントがくるように意識します。highest-paidの場合、highestのiの母音を強調するように発音します。

② **median** [ˈmiːdiən] (**mee** ·dee ·uhn)
第1音節meにアクセントを置きます。英語のネイティブスピーカーたちは音の正確さ以上にアクセントの位置や単語のリズムで意味を把握するのでアクセントは非常に大切です。第1音節にアクセントがくるということは第2音節、第3音節は短く、弱く発音します。そうすることで強弱がはっきりします。

③ **$43,400** [ˈfɔː(r)di θriː ˈθaʊz(ə)nd fɔː(r) ˈhʌndrəd ˈdɑːlərz] (**for** ·tee three **thaw** ·znd for **huhn** ·druhd ·**daa** ·lrz)
forty-three thousand four hundred dollarsと読みます。thousandのあとにandを入れないように。40と14の数字の発音の違いについても気をつけましょう。fourteenはfourを軽く、teenの部分にアクセントを置いてしっかり横に伸ばします。fortyはforの部分にアクセントを置いてしっかり伸ばし、tyは短く軽く発音します。

③ **$96,000** [ˈnaɪndi sɪks ˈθaʊz(ə)nd ˈdɑːlərz] (**nain** ·tee siks **thaw** ·znd ·**daa** ·lrz)
ninety-six thousand dollarsと読みます。

複合名詞・形容詞

highest-paid interns, US worker, median income, Facebook interns, dream jobs, high-level skills

Vaping

音声を聞きながら、STEP 1 から STEP 6 の順に進めてみましょう。音声はスロースピード
10回→ネイティブのナチュラルスピード3回の順に収録されています。

STEP 1 音声を聞いて聞き取れたキーワードを書いてみましょう。キーワードから連想し
て本文の内容を想像してみましょう。

_____

_____

_____

_____

STEP 2 最大10回まで音声を繰り返し再生し、聞こえた英文の英単語をできるだけ多く
書き取ってみましょう。カタカナではなく全てアルファベットで！なぐり書きで構いません。

> 目安：TOEIC500点台レベル▶10回まで、TOEIC600点台レベル▶7回まで、
> TOEIC700点台レベル▶5回まで、TOEIC800点台レベル▶3回まで

_____

_____

_____

_____

STEP 3 書き取った英文を清書し、文法的に意味が通じるか確認しながら英文を見直し
てみてください。以下に見直しの際のポイントをあげているので、参考にしてみましょう。

_____

_____

_____

_____

- □ 複数形のSは書き取れましたか
- □ 並列構造に気づきましたか
- □ 1つの単語で様々な意味があることに気づきましたか
- □ 語源で意味を推測できましたか
- □ 脱落する音は書き取れましたか
- □ カタカナにした時に似た発音を聞き分けられましたか

答え合わせをし、正しく書き取れなかった部分を確認し、その原因を分析しましょう。

スクリプト＆解説

It is unclear what precisely is causing **v1**severe lung diseases linked to **v2**vaping. **G1**Patients typically experience **G2**coughing, chest pain, or shortness of breath before being hospitalized. **P1**Health **G3**experts **P2**advise the **P3**youth not to vape.

文法 Grammar

G1 G3 ▶ Patientsとexpertsの複数形のsに注意。ここでは一般的な話として「患者」や「専門家」と言っているので複数形になります。

G2 ▶ 「患者に現れる症状は〜」で始まる1文に続くcoughing「咳」、chest pain「胸の痛み」、shortness of breath「息切れ」はすべて名詞です。A, B, or Cと具体例が列挙される場合、A、B、Cには同じ品詞が並びます。

語彙 Vocabulary

V1 ▶ この記事の中でのsevereは「重大な、深刻な」という意味の形容詞。カタカナのシビアと同じ「厳しい、厳格な」という意味でも使えます。語彙を辞書で調べる際、1つの単語で様々な意味を持つこともよくあるので上から3つ目までの意味には目を通すようにしましょう。

V2 ▶ vapeの語源はvaporize。vaporizeとは「液体を気化・蒸発させる」という意味です。日本語ではタバコも電子タバコも動詞は「吸う」ですが、英語では次のように使い分けをしています。smoke cigarettes「タバコを吸う」、vape e-cigarettes「電子タバコを吸う」。電気蚊取のベープはまさにvapeです。多くの電気蚊取は、蚊取り線香と違い、有効成分であるピレスロイド系成分を電気の熱で揮発させています。

発音 Pronunciation

P1 P3 ▶ 単語の語尾にくるthの音はほぼ無音。カタカナで書いた時のhealth「ヘルス」やyouth「ユース」の「ス」の音が聞こえることは期待できません。

P2 ▶ adviceとadviseの発音の違いは要注意。名詞のadviceは「ス」の音。動詞のadviseは「ズ」の音でにごることで品詞を聞き分けます。

STEP 4 のスクリプトから和訳を書いて、意味を確認しましょう。ここでは訳すことで意味がしっかりと理解できているかを確認します。

___

___

___

___

和訳 　電子タバコと重度の肺疾患の正確な因果関係ははっきりしていません。しかし患者は入院前に、決まって咳、胸の痛み、息切れを訴えます。専門家は、電子タバコを吸わないよう、10代の若者に忠告しています。

ボキャブラリー

- □ **precisely** (adv)：正確に、明確に
- □ **severe** (adj)：厳しい
- □ **lung** (n)：肺
- □ **vaping** (n)：電子タバコの蒸気を吸い込むこと
- □ **typically** (adv)：典型的に、通例では
- □ **shortness** (n)：不足
- □ **hospitalize** (v)：入院させる

テーマのコラム

英語の医療用語とセカンドオピニオンへの考え方

日本人にとって英語の医療用語の理解は難しいと思います。臓器の名前、病名、薬品名。ギリシャ語もしくはラテン語由来のものが多く、馴染みのないことが多いです。Pedoはギリシャ語で「子ども」という意味なので小児科はPediatrician。まるでパズルのような仕組みになっています。

アメリカではセカンドオピニオンという考えも浸透しているので、医師の話を鵜呑みにすることは少なく、自分の抱えている健康上のリスク、飲んでいる薬の成分、アレルギーなどを医師にしっかり説明する能力が、皆、備わっているように感じます。また医師の説明に納得がいくまで質問して自分で納得するまで落とし込んでいるという印象を持っています。

STEP 6 **以下の矢印やハイライトを参考にスクリプトを音読し、単語や音のリズムを身につけましょう。発音できる音は聞き取れるようになります。**

★It is unclear / what precisely / is causing / ①**severe** lung diseases / linked to vaping. ↓
Patients /typically experience /coughing, ↑ / chest pain, ↑ / or shortness of breath ↓
before being ②**hospitalized**. ↓
Health experts / advise the youth / not to vape. ↓

発音（単語）

① **severe** [sɪˈvɪə(r)] (suh ˈveer)
2音節の単語です。第2音節にアクセントがくるので冒頭のseは短く、弱く発音すると良いです。

② **hospitalized** [ˈhɑːspɪt(ə)laɪzd] (**haa** ˈspuh ˈtuh ˈlaizd)
4音節の単語です。第1音節にアクセントがあるので、/haa/の音はしっかりアクセントを置いて強く伸ばして発音します。後半の3音節はたくさんの音を早口で済ませるようにさらっと発音します。

イントネーション

★1文目の真ん中にくるのがcausingになります。causingが山の頂点になるようにIt is unclear what precisely isのイントネーションは上げていきます。causingを境にsevere lung diseases linked to vapingのイントネーションを下げていきます。余裕があればイントネーションを上げていくときは同時にピッチ（スピード）も上げていきます。逆にイントネーションを下げていくときは同時にピッチも下げていきましょう。

複合名詞

以下は全て複合名詞です。2つの単語をくっつけて1つの単語として一気に発音します。複合名詞のアクセントはいずれの場合も最初の単語にきます。
lung diseases, chest pain, Health experts

08 Japanese Royal Family

DL-08

音声を聞きながら、STEP 1 から STEP 6 の順に進めてみましょう。音声はスロースピード10回→ネイティブのナチュラルスピード3回の順に収録されています。

STEP 1 音声を聞いて聞き取れたキーワードを書いてみましょう。キーワードから連想して本文の内容を想像してみましょう。

_____

_____

_____

_____

STEP 2 最大10回まで音声を繰り返し再生し、聞こえた英文の英単語をできるだけ多く書き取ってみましょう。カタカナではなく全てアルファベットで!なぐり書きで構いません。

> 目安:TOEIC500点台レベル▶10回まで、TOEIC600点台レベル▶7回まで、
> TOEIC700点台レベル▶5回まで、TOEIC800点台レベル▶3回まで

_____

_____

_____

_____

STEP 3 書き取った英文を清書し、文法的に意味が通じるか確認しながら英文を見直してみてください。以下に見直しの際のポイントをあげているので、参考にしてみましょう。

_____

_____

_____

_____

- □ 時制の一致を意識できましたか
- □ 複数形のSは書き取れましたか
- □ 1つの単語で様々な意味があることに気づきましたか
- □ 専門用語など聞きなれない単語を聞き取れましたか
- □ 連結によって文中で弱くなる音は書き取れましたか

STEP 4　答え合わせをし、正しく書き取れなかった部分を確認し、その原因を分析しましょう。

スクリプト＆解説

Akihito G1stated in 2016 P1that he found it hard to v1perform his G2duties and G3announced in late 2017 P2that he will v2abdicate. His abdication ended the era of Heisei. The new era named Reiwa is ruled by Naruhito.

文法 Grammar

G1 ▶ in 2016とあるので、述べられたのは過去の事実で、stateという動詞は過去形になります。発音は「ステイテッド」より「ステーレー」に近いです。

G2 ▶ 複数形のsに注意。「公務」は複数あることが推測できます。

G3 ▶ in late 2017とあるので、発表されたのは過去でannounceという動詞を過去形にします。発音は「アナウンスド」より「アナウンスト」に近いです。

語彙 Vocabulary

V1 ▶「演奏する、上演する」などの意味で覚えている方も多いかもしれませんが実はperformの意味は結構広いのです。洗練されたdoに代わる動詞と考えてもいいでしょう。「する、行う、実行する、執り行う」などの意味で使われることも知っておきましょう。

V2 ▶ 皇族の話題で頻出する単語です。abdicate the throne（王位を退く）という組み合わせで使用されることが多いです。

発音 Pronunciation

P1 ▶ that he found itはカタカナにすると「ザリファウンディー」のように聞こえます。文中のheのhの音はほぼ落ちて聞こえません。foundとitは連結して「ファウンディ」となります。itの最後のtの音は脱落します。

P2 ▶ that he willはカタカナにすると「ザリウォー」に近いです。文中のheのhの音は落ち、willはwiだけが「ウォー」という音に聞こえます。

_____

_____

_____

_____

和訳　2016年、明仁上皇は、象徴である天皇としてのお務めを果たすのが難しくなると述べ、2017年後半にも譲位すると発表しました。御即位に伴い、平成の時代が幕を閉じ、令和という、徳仁天皇の新しい時代になりました。

■ ボキャブラリー

☐ **duty** (n)：義務、務め、責務
☐ **abdicate** (v)：〔王位、地位など〕を捨てる、放棄する
☐ **abdication** (n)：譲位

■ テーマのコラム

足を組むという行為

令和初の国賓となったのがトランプ大統領とメラニア夫人でした。安倍首相とともに大相撲観戦やゴルフを楽しむ様子が報じられました。

そんな中、メラニア夫人が天皇皇后両陛下との会見の場で足を組んで雅子様と会話をしていたことに関し不敬騒動が持ち上がりました。日本人にとってオフィシャルな場で足を組むことは不敬にあたりますが、実は欧米ではむしろ足を組むことがマナー的に正しいとされているのです。足を組んでいることで相手にリラックスしていることを示したり、敵ではないということを示したりしているのです。

発音ポイント

STEP 6 以下の矢印やハイライトを参考にスクリプトを音読し、単語や音のリズムを身につけましょう。発音できる音は聞き取れるようになります。

★Akihito stated / in ①2016 / that he found it / hard to perform / his duties ↑
and announced / in late ①2017 / that he will ②abdicate. ↓
His abdication / ended / the era of Heisei. ↓
The new era / named Reiwa / is ruled by Naruhito. ↓

発音（単語）

① **2016:two thousand sixteen もしくはtwenty sixteen**
　2017:two thousand seventeen もしくはtwenty seventeen
16と60、17と70で聞き間違えがちですが、**sixteen** [ˌsɪksˈtiːn] (sik ·steen)、**seventeen** [ˌsev(ə)nˈtiːn] (seh ·vuhn ·**teen**)のように単語の語末にアクセントが置かれます。
13以降の10台数字の発音の注意点は、後ろのteenにアクセントがあるのでeの母音をしっかりと伸ばすことです。

② **abdicate** [ˈæbdɪkeɪt] (**ab** ·duh ·keit)
最も気をつけたいポイントはabのbの後ろに母音「う」を足さないようにすることです。bを発音した直後にdを発音するように。日本語にはない、連続する子音の発音を楽しむように発音しましょう。

イントネーション

★1文目のイントネーションの真ん中にくるのがhis dutiesになります。his dutiesが山の頂点になるようにAkihito stated in 2016 that he found it hard to peformのイントネーションは上げていきます。his dutiesを境にand announced in late 2017 that he will abdicate以降のイントネーションは下げていきます。余裕があればイントネーションを上げていくときは同時にピッチ(スピード)も上げていきます。逆にイントネーションを下げていくときは同時にピッチも下げていきます。
1文が長いので読みにくいと思いますが、このようにイントネーションの上げ下げするポイントがわかると息つぎもしやすく、強弱もつけやすいので言いやすいですね。

World Population

DL-09

音声を聞きながら、STEP 1 から STEP 6 の順に進めてみましょう。音声はスロースピード
10回→ネイティブのナチュラルスピード3回の順に収録されています。

STEP 1 音声を聞いて聞き取れたキーワードを書いてみましょう。キーワードから連想し
て本文の内容を想像してみましょう。

_____

_____

_____

_____

STEP 2 最大10回まで音声を繰り返し再生し、聞こえた英文の英単語をできるだけ多く
書き取ってみましょう。カタカナではなく全てアルファベットで!なぐり書きで構いません。

> 目安:TOEIC500点台レベル ▶ 10回まで、TOEIC600点台レベル ▶ 7回まで、
> TOEIC700点台レベル ▶ 5回まで、TOEIC800点台レベル ▶ 3回まで

_____

_____

_____

_____

STEP 3 書き取った英文を清書し、文法的に意味が通じるか確認しながら英文を見直し
てみてください。以下に見直しの際のポイントをあげているので、参考にしてみましょう。

_____

_____

_____

_____

- ☐ 所有格のSは書き取れましたか
- ☐ 並列構造に気づきましたか
- ☐ 数字は聞き取れましたか
- ☐ よく使われる表現・イディオムを書き取れましたか
- ☐ Short Oでカタカナ英語と違う音は書き取れましたか
- ☐ カタカナ英語と違う音は書き取れましたか

STEP 4 **答え合わせをし、正しく書き取れなかった部分を確認し、その原因を分析しましょう。**

スクリプト＆解説

The ɢ1world's ᴘ1population is ɢ2getting older and growing at a slower pace but is still expected to increase from ᴠ17.7 billion to 9.7 billion in ᴘ22050. ᴘ3Europe and Asia are aging rapidly, while Africa is ᴠ2home to the world's largest youth population.

▎文法 Grammar

G1▶ 所有格を表す 's の聞き落としに注意。「世界の人口」という意味の主語としてひとかたまりになるようにworld's の所有格の 'sを落とさないように。

G2▶ andで並列に並ぶgetting olderとgrowing at a slower pace。2つの動詞の形は揃わなければなりませんので、どちらも-ingを用いた現在進行形にします。

▎語彙 Vocabulary

V1▶ おおよその世界の人口は7.7 billionで77億人です。日本の人口は約126 million（1億2千6百万人）です（ともに2020年5月時点）。この2つの数字は知識として合わせて覚えておくといいでしょう。

V2▶ be home to〜は「〜が存在するところだ」「〜が多く存在する場所(本拠地)だ」という意味のイディオム。簡単な単語の組み合わせで作られるイディオムは知っているかどうかが勝負。地道に覚えていきましょう。

▎発音 Pronunciation

P1▶ 語頭poのoはShort Oなので口を縦に開いて「あ」と発音。「パピュレーション」のように聞こえます。

P2▶ 年号の発音。2050の場合、最初の2桁、後ろの2桁に分けて発音します。20(twenty)50(fifty)と言います。ちなみに、2001〜2009まではtwo thousand one, two thousand two...と発音します。

P3▶ 大陸名、国名、都市名はカタカナと英語で発音が異なることが多いので出てくる度に発音を習得していきましょう。Europeはカタカナの「ヨーロッパ」とは聞こえず「ヨーロプ」のように聞こえます。

STEP 5　STEP 4 のスクリプトから和訳を書いて、意味を確認しましょう。ここでは訳すこと
で意味がしっかりと理解できているかを確認します。

_____

_____

_____

_____

_____

和訳 世界の人口は、高齢化と共にゆっくりとしたペースで成長していますが、2050年
には77億人から97億人に増加すると予測されています。ヨーロッパとアジアの高齢化
が急速に進む一方、アフリカは世界で最も若年層が多い国です。

ボキャブラリー

☐ **be expected to〜** (v)：〜するはずだ

ex ▶ The guests **are expected to** arrive at any minute.「お客様は今すぐにでも
到着するはずです」

テーマのコラム

世界の人口の推移

2019年から2050年にかけ、最も大幅な人口増加が起きると見られるのはインド、
ナイジェリア、パキスタン、コンゴ民主共和国、エチオピア、タンザニア連合共和
国、インドネシア、エジプト、米国（予測される人口増が多い順）の9カ国です。インドは
2027年頃、中国を抜いて世界で最も人口が多い国になるとみられます。

人口動態を考えるうえでPopulation Bonus「人口ボーナス期」とPopulation
Onus「人口オーナス期」という言葉を押さえておきたいです。Population Bonus
とは人口に占める労働人口が従属人口より圧倒的に多い状態です。その逆のこと
をPopulation Onusといい、日本はまさにこの期に突入しています。

発 音 ポイント

STEP 6 　以下の矢印やハイライトを参考にスクリプトを音読し、単語や音のリズムを身につけましょう。発音できる音は聞き取れるようになります。

The world's population / is getting ①**older** / and growing / at a ①**slower** pace ↑
but is still ②**expected** / to increase / from 7.7 ③**billion** / to 9.7 billion / in 2050. ↓
Europe and Asia / are aging rapidly, ↑
while Africa / is home / to the world's / largest youth population. ↓

発音（単語）

① older, slowerのerの発音
R-controlled vowelですね。rは非常に影響力の強い子音ですので母音と組み合わさるとその母音の発音は大きく変化します。「あー」と伸ばすだけのカタカナ英語の発音、「オールダー」「スローアー」にならないように。舌を巻きながら思いっきり奥に引いて喉を鳴らし、口先をすぼめながら出す「あー」の音です。

② expected [ɪkˈspektɪd] (uhk ˌspek ˌtuhd)
3音節の単語で真ん中の音節にアクセントがきます。exの発音が「エクス」とならないように余分な母音を追加しないよう注意。またexの最初の音は/e/ではなく/ɪ/であることにも気をつけましょう。

③ billion [ˈbɪljən] (**bi** ˌlee ˌyuhn)
カタカナの「ビリオン」とは異なるので注意しましょう。第1音節のbiにアクセントがくるのでしっかり伸ばします。第2音節のliのLの発音は目立つので気を抜かないで舌先を前歯の裏にしっかりあててから離し、きれいなLの発音を意識します。第3音節の「イオン」の部分は「イユン」に近い発音です。

複合名詞

以下は複合名詞です。2つの単語をくっつけて1つの単語として一気に発音します。その新しい単語のアクセントはいずれの場合も最初にきます。
youth population

Public Health

DL-10

音声を聞きながら、STEP 1 から STEP 6 の順に進めてみましょう。音声はスロースピード 10回→ネイティブのナチュラルスピード3回の順に収録されています。

STEP 1 音声を聞いて聞き取れたキーワードを書いてみましょう。キーワードから連想して本文の内容を想像してみましょう。

_____

_____

_____

_____

STEP 2 最大10回まで音声を繰り返し再生し、聞こえた英文の英単語をできるだけ多く書き取ってみましょう。カタカナではなく全てアルファベットで！なぐり書きで構いません。

> 目安：TOEIC500点台レベル ▶ 10回まで、TOEIC600点台レベル ▶ 7回まで、
> TOEIC700点台レベル ▶ 5回まで、TOEIC800点台レベル ▶ 3回まで

_____

_____

_____

_____

STEP 3 書き取った英文を清書し、文法的に意味が通じるか確認しながら英文を見直してみてください。以下に見直しの際のポイントをあげているので、参考にしてみましょう。

_____

_____

_____

□ 定冠詞と不定冠詞の使い方は理解していますか
□ よく使われる表現・イディオムを書き取れましたか
□ 洗練された表現を知っていましたか
□ 文中で弱くなる音は書き取れましたか
□ 語頭の母音が弱まる音は書き取れましたか

答え合わせをし、正しく書き取れなかった部分を確認し、その原因を分析しましょう。

スクリプト＆解説

Obesity has become **G1**a public health crisis in the US. There **P1**has been a **V1**sharp **G2**increase in obesity rates over **G3**the last **V2**decade. Nearly 40% of all **P2**adults are currently obese.

文法 Grammar

G1 ▶ public health crisis（国家的な健康に関する非常事態）、つまり「事態」の前は不定冠詞 a が必要です。不定冠詞は話者が話の中で初めてのことを言及する時に使います。

G2 ▶ increase「〜の増加」に続く前置詞はin と ofで少し使い方が異なります。increase in〜は、それ自体が増加している状況。an increase in population、an increase in price、an increase in crime rateのように使います。increase of〜の後ろには増加した量や額といった具体的な数字が続きます。an increase of 5% in population、an increase of 10 cents in price、an increase of 20% in crime rateのようになります。

G3 ▶ over the last decadeは「過去10年間で」という意味ですが、具体的には直近10年間2010年〜2020年のことを指します（2020年現在の視点から）。特定された10年間のことなので定冠詞theがこの場合には最もふさわしいです。

語彙 Vocabulary

V1 ▶ sharpは「鋭い、急勾配な」という意味の形容詞。a big increase、a large increaseなどよりも洗練された、おしゃれな表現になります。

V2 ▶ 節目の年数には特別な呼び方があります。10年：decade、100年：century、1,000年：millenniumなどです。half a decadeで5年になります。ten yearsよりdecadeを使ったほうがよりインテリな印象を与えることができます。

発音 Pronunciation

P1 ▶ has beenは「ハズ　ビーン」ではなく、hasのhの音が弱まり、beenはbe程度にしか聞こえません。

P2 ▶ adultsのアクセントは第2音節のdultsにくるため、語頭のaは弱く発音されて聞き取れません。dots「ドット」、darts「ダーツ」などの、他の単語と聞き間違えてしまう可能性も。

STEP 5 STEP 4 のスクリプトから和訳を書いて、意味を確認しましょう。ここでは訳すことで意味がしっかりと理解できているかを確認します。

_____

_____

_____

_____

_____

和訳 　アメリカでは、肥満が国民の健康に深刻な事態をもたらしています。過去10年間で肥満率が急激に増加しており、現在成人のおよそ40％が肥満とされています。

ボキャブラリー

- obesity (n)：肥満
- obese (adj)：肥満である

テーマのコラム

アメリカ人の体型と肥満増加

筆者がアメリカで暮らしていた80年代と今のアメリカを感覚的に比較してもアメリカ人の体重増加の傾向を感じます。80年代、90年代、2000年代に流行ったテレビドラマと最近流行っているドラマの俳優の体型を比較するだけでもその差は歴然です。

また、最近では「ありのままの自分」を大切にするべきという論調が強まっているようにも感じます。食べたいという気持ちは抑える必要はないという人も多くいます。プラスサイズモデルの台頭、痩せすぎているモデルがパリコレで起用されない、などちも体重増加を気にしない文化を後押ししていると思います。

STEP 6 以下の矢印やハイライトを参考にスクリプトを音読し、単語や音のリズムを身につけましょう。発音できる音は聞き取れるようになります。

★1 ①**Obesity** / has become / a public health crisis / in the US. ↓
★2There has been / a sharp increase in ↑
obesity rates / over the last ②**decade**. ↓
Nearly 40% / of all adults / are currently ③**obese**. ↓

発音（単語）

① **Obesity** [oʊˈbiːsəti] (ow ·**bee** ·suh ·tee)
語頭のoはouと口を軽くとがらせて発音します。「オー」とのばさず「オウ」と言うことを意識します。アクセントは第2音節のbeにあります。語末のtyはFlap Tで「ティ」というより「リィ」のように発音しましょう。

② **decade** [ˈdekeɪd] (**deh** ·keid)
語頭にアクセントを置きます。アクセントのある第1音節は「ディ」ではなく「デ」のほうが近いです。

③ **obese** [oʊˈbiːs] (ow ·**bees**)
①と発音は同じ要領で言いましょう。語頭のoはouと口を軽くとがらせて発音します。第2音節のbeにアクセントがあるのも①と同じです。

イントネーション

★1はpublicが1文目の真ん中になります。public health crisisが山の頂点になるようにObesity has become aのイントネーションは上げていきます。public health crisisを境にin the USのイントネーションは下げていきます。★2はsharp increase in が1文目の真ん中になります。There has been a sharp increase inまでイントネーションは上げていきます。obesity rates over the last decadeはイントネーションを下げていきます。余裕があればイントネーションを上げていくときは同時にピッチ（スピード）も上げていきます。逆にイントネーションを下げていくときは同時にピッチも下げていきます。

複合名詞

(public) health crisis, obesity rates

11 Finance

DL-11

音声を聞きながら、STEP 1 から STEP 6 の順に進めてみましょう。音声はスロースピード
10回→ネイティブのナチュラルスピード3回の順に収録されています。

STEP 1 音声を聞いて聞き取れたキーワードを書いてみましょう。キーワードから連想し
て本文の内容を想像してみましょう。

_____

_____

_____

_____

STEP 2 最大10回まで音声を繰り返し再生し、聞こえた英文の英単語をできるだけ多く
書き取ってみましょう。カタカナではなく全てアルファベットで！なぐり書きで構いません。

　目安：TOEIC500点台レベル▶10回まで、TOEIC600点台レベル▶7回まで、
　TOEIC700点台レベル▶5回まで、TOEIC800点台レベル▶3回まで

_____

_____

_____

_____

STEP 3 書き取った英文を清書し、文法的に意味が通じるか確認しながら英文を見直し
てみてください。以下に見直しの際のポイントをあげているので、参考にしてみましょう。

_____

_____

_____

_____

□ 三単現のSは書き取れましたか
□ よく使われる表現・イディオムを書き取れましたか
□ 定冠詞と不定冠詞の使い方は理解していますか
□ 略語に気づきましたか
□ 品詞の用法を使い分けられていますか
□ カタカナ発音と違う音は書き取れましたか
□ tの音がd/rになる音の変化に気づきましたか（Flap T）

答え合わせをし、正しく書き取れなかった部分を確認し、その原因を分析しましょう。

スクリプト＆解説

---

v1FIRE **G1**stands for Financial **v2**Independence Retire Early. It is a **G2**way of life and a growing movement that is spreading **G3**across the globe. Becoming financially **v3**independent is about designing the life you want; work is an **P1**option, **P2**not a mandate.

文法 Grammar

G1 ▶ 三単現のsに注意。stand for〜は「〜の略である、〜を表す」という意味。FIREというムーブメントが主語なのでsが必要。もしstand forであれば単語の最後のdの音は脱落し、stan forのように聞こえるはずです。

G2 ▶ way of lifeで「生き方、生活様式」。ofは機能語なのでほぼ聞こえず、(wei e laif)「ウェイァライフ」のように聞こえます。また、FIREの説明としてway of lifeとgrowing movementという2つの名詞が並列しているので、各々の前に不定冠詞aが必要です。

G3 ▶ across the globeのtheは聞こえなくてもglobeは「地球」で唯一無二のものなので定冠詞theが前にくるべきだと判断します。

語彙 Vocabulary

V1 ▶ FIREはFinancial Independence Retire Earlyの頭文字をとって作られた造語です。このような単語を英語ではAbbreviation（省略形、短縮形）と言います。例えば、ASAPでas soon as possible（至急対応をお願いします）、FYIでfor your information（参考までに）。

V2 V3 ▶ independenceは「独立、自立」という意味の名詞。independence（名詞）とindependent（形容詞）は聞き分けるのが難しいですが、**V2**はfinancialが形容詞なので後に続くのはindependenceという名詞だとわかります。**V3**はBecoming financiallyという動詞と副詞の後に続いているのでindependent「独立心の強い、自立した」という形容詞がきます。

発音 Pronunciation

P1 ▶ 語頭のoはShort Oなのでカタカナの「オプション」よりも「アプション」と聞こえます。

P2 ▶ not aは(nara)と聞こえます。notのoもShort Oで、notのtがoとaという母音の間に挟まれているのでd/rのような音に変わります。

_____

_____

_____

_____

> **和訳**　FIREとは「Financial Independence Retire Early」の略で、経済的独立と早期リタイアを意味します。それは生き方のひとつであり、その動きは世界中に広がりを見せています。経済的に独立するということは、あなた自身が望む人生をデザインするということです。仕事はあくまでひとつの選択肢であり、人生に欠かせないことではありません。

ボキャブラリー

- □ **finance** (n)：金融、資金管理
- □ **financial** (adj)：財務的な、財政の、金融の
- □ **mandate** (n)：命令、やらなければならないこと

テーマのコラム

FIREムーブメント

筆者は、あるYouTuberの動画でFIREというムーブメントを知りました。ある40代のアメリカ人の夫婦とそのお子さん2人が今後暮らしていくのに必要な資金を貯蓄し、FIRE1日目をお祝いしている動画でした。ご夫婦ともに公務員のごく一般的なご家庭で定年退職まで働かないでもリタイアは可能ということを示しているものでした。

社会との関わりが薄れる、万が一の大きな出費のリスクがあるなどFIREムーブメントに対して賛否両論あると思います。しかし、何のために生きているのかを改めて考えさせられるムーブメントであることは間違いありません。

STEP 6　以下の矢印やハイライトを参考にスクリプトを音読し、単語や音のリズムを身につけましょう。発音できる音は聞き取れるようになります。

FIRE / stands for / Financial ①**Independence** / Retire Early. ↓

★1 It is a / way of life / and a growing movement ↑

that is spreading across the globe. ↓

Becoming / financially ①**independent** ↑

★2 is about ②**designing** the life you want; ↓

work is an option, ↑

not a ③**mandate**. ↓

発音（単語）

① **independence** [ɪndɪˈpendəns] (in ·duh ·**pen** ·dns)
　independent [ɪndɪˈpendənt] (in ·duh ·**pen** ·dnt)
どちらの単語も4つの音節から成り立っていて第3音節にアクセントがきます。

② **designing** [dɪˈzaɪnɪŋ] (duh ·**zainin**)
カタカナの「デザイン」とは異なり、語頭のdeは「ディ」に近く発音します。また、アクセントを第2音節、語末に置くと英語らしく発音できます。

③ **mandate** [ˈmændeit] (**man** ·date)
アクセントは語頭、第1音節に置きます。aの音は「え」の口で「あ」の音を出します。

イントネーション

★1　2文目はa growing movementがこの1文の真ん中になります。a growing movementが山の頂点になるようにIt is a way of life and a growing movementのイントネーションは上げていきます。そして、a growing movementを境にthat is spreading across the globeのイントネーションは下げていきます。

★2　3文目はセミコロン(;)のところで、実質上、文が切れていると考えて良いでしょう。スクリプトにある通り、セミコロン(;)のあとでイントネーションを下げて少しポーズを空け、それ以降のwork is an option, not a mandate.が言い換え表現であることを伝えるようにしましょう。

12 Buddhism

DL-12

音声を聞きながら、STEP 1 から STEP 6 の順に進めてみましょう。音声はスロースピード
10回→ネイティブのナチュラルスピード3回の順に収録されています。

STEP 1　音声を聞いて聞き取れたキーワードを書いてみましょう。キーワードから連想し
て本文の内容を想像してみましょう。

_____

_____

_____

STEP 2　最大10回まで音声を繰り返し再生し、聞こえた英文の英単語をできるだけ多く
書き取ってみましょう。カタカナではなく全てアルファベットで！なぐり書きで構いません。

> 目安：TOEIC500点台レベル ▶ 10回まで、TOEIC600点台レベル ▶ 7回まで、
> TOEIC700点台レベル ▶ 5回まで、TOEIC800点台レベル ▶ 3回まで

_____

_____

_____

STEP 3　書き取った英文を清書し、文法的に意味が通じるか確認しながら英文を見直し
てみてください。以下に見直しの際のポイントをあげているので、参考にしてみましょう。

_____

_____

_____

- □ 時制の一致を意識できましたか
- □ 複合名詞・形容詞に気づきましたか
- □ 音が弱い機能語を文法的に判断できましたか
- □ 単語＋接尾辞の組み合わせの単語はわかりましたか
- □ 固有名詞がわかりましたか
- □ Dark Lの音を聞き取れましたか
- □ カタカナ発音と違う音は書き取れましたか

STEP 4 **答え合わせをし、正しく書き取れなかった部分を確認し、その原因を分析しましょう。**

スクリプト＆解説

An adult-sized android, P1modeled after a Buddhist V1Goddess, G1was introduced to Kodaiji, a P2400-year old temple in Kyoto. The P3android, named V2Mindar, is programmed to deliver a G225-minute sermon. English G3and Chinese translations are projected on a screen.

文法 Grammar

G1▶ 文脈からも「紹介された」で、was introducedを書き取りたいですね。wasもintroducedのedも時制を表す文法的なマーカーなので発音上の重要性が低く、あまり聞こえません。

G2▶ 25-minuteは複合形容詞ですのでminutesになりません。単語と単語をハイフンでつないで1つの形容詞をつくり、25-minute sermonで「25分間の説法」です。

G3▶ andがほぼ聞こえなかった、もしくはinに聞こえた方も多いでしょう。ここでは「英語版」も「中国語版」も「翻訳文がスクリーンに投影される」という意味のandが入ります。

語彙 Vocabulary

V1▶ Godの女性形がGoddessになります。-essという接尾辞はフランス語の女性名詞からきていて、「男性形の名詞を女性形に変化させ」ます。waiter→waitress、actor→actress、steward→stewardessなども同様です。昨今、男女差別的な英単語を避ける動きが主流で、それぞれserver、（女性でも）actor、cabin attendantを使っています。

V2▶ Mindarは固有名詞。上級者は音からスペルが推測できるようになるのも必要なスキルです。Minは音のまま。darはstarやcarと同じ音なのでarが書けたら合格です！

発音 Pronunciation

P1▶ 始めのoの音はShort Oで「お」より「あ」に近い音になり、最後のLはDark Lですので「オー」と伸ばす音に近くなるので「モデル」より「マドー」に近い音になります。

P2▶ year oldをEuroに聞き間違える方が多いです。これはyearとoldが連結して、oldのdが脱落するためです。意味を考えて書き取りましょう。

P3▶ カタカナの「アンドロイド」と大きく異なって聞こえるのは真ん中のdとrの間に母音が入らないで「ド」という音が聞こえないためです。

_____

_____

_____

_____

和訳 観音様をかたどった成人の人間ほどのサイズのアンドロイドが、京都の400年もの歴史のある寺院、高台寺に導入されました。マインダーと名付けられたアンドロイドは、25分間の説法を行うようプログラムされており、英語と中国語の字幕が映し出されます。

ボキャブラリー

□ **model ... after〜** (v)：…を〜に似せてつくる

ex ▶ This statue is **modeled after** the famous "The Thinker". 「この像は有名な『考える人』をかたどっています」

□ **sermon** (n)：（教会や寺などで行われる）説教

テーマのコラム

宗教とIT

観音様をかたどったアンドロイドが許される、信者に受け入れられるという仏教の宗教観は世界の人々にとって興味深いトピックになると考えます。キリスト教、ユダヤ教、イスラム教などの一神教では神の描かれ方に関しては非常に厳しく、規制がかかっているからです。

また、宗教とITの浸透という観点から考えてもアメリカではようやくキリスト教の教会の中へのスマートフォンの持ち込みが許可されるようになったほどです。聖書をスマートフォン上で読むためのBible app、所属している教会内でのイベントの告知やメッセージ発信のためのChurch appは最近導入されるようになってきました。日本も郊外に行くとお寺ごとにコミュニティができあがっているケースが多いと思いますが、アメリカの教会の概念も似たようなところがあると思います。教会を中心としたコミュニティがあり、定期的に集まりイベントを行なっています。その世代が若返りをしていくとIT化も進んでいるというのが現状です。

発音ポイント

STEP 6 以下の矢印やハイライトを参考にスクリプトを音読し、単語や音のリズムを身につけましょう。発音できる音は聞き取れるようになります。

An **adult-sized** android, ↓
★ ①**modeled** after / a Buddhist Goddess, ↓
was introduced / to Kodaiji, ↓
a 400-year old temple / in Kyoto. ↓
The android, / named ②**Mindar**, ↑
is programmed / to ③**deliver** / a 25-minute ④**sermon**. ↓
English and Chinese translations / are projected on a screen. ↓

発音（単語）

① **model(ed)** [ˈmɑːdl] (**maa** ˌdl)
STEP 4 でも触れましたが、語頭のoはShort Oなので「お」よりも「あ」に近い音になります。delのlはDark Lなので、「デル」よりも「ドー」という音に近い音で発音しましょう。

② **Mindar** [ˈmindar] (**min** ˌdar)
MindarのarはR-controlled vowelです。きれいに「あ」と口を縦に開いてそれから舌を巻き込んでrを発音します。「あ」と「r」は同じ程度にはっきりと発音しましょう。

③ **deliver** [dɪˈlivɚ] (duh ˈli ˌvr)
第2音節liにアクセントがきます。Liのiの音を出すために口をしっかりと横に伸ばしましょう。第1音節のdeが短く、ほぼ音が聞こえないのでカタカナの「デリバー」と大きく違います。

④ **sermon** [ˈsɚːmən] (**sur** ˌmuhn)
第1音節serにアクセントがきます。母音のerの音は母音とrが組み合わさったR-controlled vowelですね。rの舌の形をキープしながらsurと発音しましょう。mon部分はあいまい母音ですので、唇の力を緩めながらmuhnと発音しましょう。

発音（連結）

★**modeled after**
modeledがdという子音で終わって、afterのaという母音に繋がって、連結しています。2つの単語がくっついて1つの単語のように発音します。

複合名詞・形容詞

adult-sized, Buddhist Goddess, 400-year, 25-minute

音声を聞きながら、STEP 1 から STEP 6 の順に進めてみましょう。音声はスロースピード
10回→ネイティブのナチュラルスピード3回の順に収録されています。

STEP 1 音声を聞いて聞き取れたキーワードを書いてみましょう。キーワードから連想し
て本文の内容を想像してみましょう。

_____

_____

_____

STEP 2 最大10回まで音声を繰り返し再生し、聞こえた英文の英単語をできるだけ多く
書き取ってみましょう。カタカナではなく全てアルファベットで！なぐり書きで構いません。

目安：TOEIC500点台レベル ▶ 10回まで、TOEIC600点台レベル ▶ 7回まで、
TOEIC700点台レベル ▶ 5回まで、TOEIC800点台レベル ▶ 3回まで

_____

_____

_____

STEP 3 書き取った英文を清書し、文法的に意味が通じるか確認しながら英文を見直し
てみてください。以下に見直しの際のポイントをあげているので、参考にしてみましょう。

_____

_____

_____

□ 並列構造に気づきましたか
□ 定冠詞と不定冠詞の使い方は理解していますか
□ 複合名詞・形容詞に気づきましたか
□ よく使われる表現・イディオムを書き取れましたか
□ 単語＋接尾辞の組み合わせの単語がわかりましたか
□ カタカナ発音と違う音は書き取れましたか
□ 単数形・複数形の聞き分けはできましたか

スクリプト＆解説

Saunas, once a place for v1middle-aged men, has v2shed that p1image g1and are now p2attracting g2the younger generation, including p3women. The new wave of sauna v3enthusiasts is called v4"saunners."

文法 Grammar

G1 ▶ have...imageとis...younger generationの2つの文節をつなぐandは機能語ですのでほぼ発音されません。and、in、anどれにも聞こえますが文脈からandを書き取ります。

G2 ▶ theをお忘れなく。文法的には不定冠詞のa younger generationでも問題はありませんがニュアンスの差が出ます。ただし冠詞が何もないのは文法的に間違いです。

語彙 Vocabulary

V1 ▶「中年の」という意味の複合形容詞。一般的にadultsはyoung adults: 18~35歳、middle-aged adults: 36~55歳、older adults: 55歳以上のように分けられます。

V2 ▶ shed「脱ぎ捨てる、脱ぎかえる」という動詞。ここでは「イメージを脱ぎ捨てた」で、他にshed tears「涙を流す、こぼす」、shed leaves「葉を落とす」、shed skin「脱皮する」のような組み合わせで使います。

V3 ▶ 接尾辞-istはラテン語-istaが由来で「何かをする人」を意味します。dentist「歯科医」、journalist「ジャーナリスト」、scientist「科学者」などがあります。

V4 ▶ saunnerは造語なので知らなくて当然ですが、実はsauna＋erと考えると推測できます。接尾辞-erは「人」や「もの」を表し、名詞化します。

発音 Pronunciation

P1 ▶ カタカナの「イメージ」と異なり、第1音節のiにアクセントが置かれます。

P2 ▶ tとrは子音と子音が連続するConsonant Clusterなので「アトラクト」だと思っていると聞き取れません。

P3 ▶ woman(wu･muhn)は単数形、women(wi･muhn)は複数形。manとmenの部分の発音は同じなので前半の母音の発音の差で単数形・複数形を聞き分けます。

STEP 5　STEP 4 のスクリプトから和訳を書いて、意味を確認しましょう。ここでは訳すこと
で意味がしっかりと理解できているかを確認します。

_____

_____

_____

_____

和訳　　サウナはかつて、中年男性のための場所とされていましたが、今やそのイメージ
は払拭され、女性を含む若い世代を魅了しています。そんな新時代のサウナ愛好家は
「サウナー」と呼ばれています。

ボキャブラリー

- **sauna** (n)：サウナ
- **shed** (v)：［衣服を］脱ぎ捨てる、［イメージなどを］捨てる、脱却する
- **enthusiast** (n)：熱心家、ファン、熱狂者

テーマのコラム

アメリカのサウナ事情

アメリカにサウナ文化を持ってきたのはフィンランドからの移民たちでした。1952
年のヘルシンキ五輪に参加したアメリカ人選手たちは、フィンランド選手たちのサ
ウナの活用に驚き、トレーニングなどにも活用されるようになったそうです。
アメリカではジムやスパなどにサウナが併設されていることが多いです。日本のよう
に公の場で裸になることに対する抵抗感があるので、サウナでも水着を着用したま
ま、もしくはタオルを巻いているのが一般的です。

STEP 6 以下の矢印やハイライトを参考にスクリプトを音読し、単語や音のリズムを身につけましょう。発音できる音は聞き取れるようになります。

①**Saunas**, / once a place / for middle-aged men, ↑

have ②**shed** / that image ↓

and / is now attracting / the younger generation, ↑

including women. ↓

The new wave / of sauna ③**enthusiasts** ↑

are called "saunners." ↓

発音（単語）

① **Saunas** [ˈsɔːnəz] (**saa** ·nuhz)

カタカナ「サウナ」とは発音が異なりますので細かく確認してみましょう。まず、第1音節のsauにアクセントが置かれ、「お」の口で「あ」で「サー」のように発音します。第2音節は「ナ」をあいまい母音で発音しますので、唇の筋肉を緩めて言います。カタカナであえて書くと「サーナ」のようになります。ここでは複数形sの/z/の音も忘れずに。

② **shed** [ʃed] (shed)

スペル通り「シェド」で構いませんが、「シェ」の時に、唇を四角くするようなイメージで突き出しながら腹式で発音するように意識しましょう。

③ **enthusiasts** [ɪnˈθ(j)uːziæsts] (uhn ·**thoo** ·zee ·uhst)

第2音節のthuにアクセントを置きます。thなので、舌先を上の前歯に当てながら息を強く吐きだして発音しましょう。

複合名詞・形容詞

middle-aged menは3つの単語を1つの単語として発音する意識を持ちましょう。それからmiddleという単語に最も強くアクセントがくるように意識して発音します。

Sauna enthusiast, middle-aged men

14 Success

DL-14

音声を聞きながら、STEP 1 から STEP 6 の順に進めてみましょう。音声はスロースピード10回→ネイティブのナチュラルスピード3回の順に収録されています。

STEP 1 音声を聞いて聞き取れたキーワードを書いてみましょう。キーワードから連想して本文の内容を想像してみましょう。

_____

_____

_____

STEP 2 最大10回まで音声を繰り返し再生し、聞こえた英文の英単語をできるだけ多く書き取ってみましょう。カタカナではなく全てアルファベットで！なぐり書きで構いません。

目安：TOEIC500点台レベル▶10回まで、TOEIC600点台レベル▶7回まで、TOEIC700点台レベル▶5回まで、TOEIC800点台レベル▶3回まで

_____

_____

_____

STEP 3 書き取った英文を清書し、文法的に意味が通じるか確認しながら英文を見直してみてください。以下に見直しの際のポイントをあげているので、参考にしてみましょう。

_____

_____

_____

- □ 音が弱い機能語を文法的に判断できましたか
- □ 複数形のSは書き取れましたか
- □ よく使われる表現・イディオムを書き取れましたか
- □ カタカナ発音と違う音は書き取れましたか
- □ 語頭の母音が弱まる音は書き取れましたか
- □ 脱落する音は書き取れましたか

STEP 4 **答え合わせをし、正しく書き取れなかった部分を確認し、その原因を分析しましょう。**

スクリプト&解説

G1While P1talent is P2indeed V1responsible for extraordinary G2results, most G3accomplishments generally V2result from a combination of practice, P3habit, and mindset.

文法 Grammar

G1 ▶ Whileは機能語なのであまりはっきり発音されず、聞き取れないかもしれません。While後のtalent ... resultsとカンマ後の文節 most ... mindset.が対比であると理解できれば接続詞whileを書き取れます。

G2 G3 ▶ 「並外れた成果は才能のおかげ」の成果は1つより複数の成果をイメージするのが一般的です。単数形だとan extraordinary resultとなり、違和感があります。**G3**の「多くの成果は努力することとその習慣化、そして心のあり方によって生みだされる」の成果も複数形になります。

語彙 Vocabulary

V1 ▶ be responsible for〜「〜の原因となる、〜の貢献者である」やresult from〜「〜に起因する、〜に由来する」という表現を知っていれば聞き取りにくいforやfromが書き取れます。

Ex) My team members **are responsible for** the success of the project. 「私のチームメンバーはそのプロジェクトの成功の貢献者です」

Ex) Lots of money **resulted from** his hard work. 「多くのお金は彼の賢明な仕事に起因している」

発音 Pronunciation

P1 ▶ talentは第1音節のtaにアクセントがきます。このaは「え」の口で「あ」の発音です。また最後のtの音は脱落するので、「タレント」には聞こえません。

P2 ▶ indeedは第2音節のdeedにアクセントがきて、第1音節のinは語頭が母音なので「ん」程度しか聞こえてきません。

P3 ▶ habitの最後のtの音は脱落します。そのため、have itに聞き間違えた方もいたかもしれません。vとbをきちんと発音できると、その違いも聞き取れるようになります。

STEP 5 　STEP 4 のスクリプトから和訳を書いて、意味を確認しましょう。ここでは訳すことで意味がしっかりと理解できているかを確認します。

_____

_____

_____

_____

和訳 　並外れた成果は才能に起因することも確かにあるが、ほとんどの成果は、努力することとその習慣化、そして心のあり方によって生みだされるのが一般的である。

ボキャブラリー

□ **extraordinary** (adj)：並外れた、驚くほどの
□ **accomplishment** (n)：実績、成果

テーマのコラム

格言から力をもらおう

今回のテーマのような成功を後押しするための格言はネットでinspirational quotesと検索すると他にも見つけることができます。筆者は個人的に俳優Will Smithの言葉に後押しされるので定期的に暗唱しています。コミュニカの英語塾の生徒さんたちにも暗唱してもらっています。あのWill Smithでさえ「自分は人並みの力しかない。だからこそ人並み以上に努力を続ければいいだけ」と言っています。相手が寝ていれば、自分はその間練習をする。ジムに行けば隣の人が降りるまでトレッドミルは降りないと決める、と。

私には無理だ、能力が足りない、と諦めてしまいそうになったら格言の力を借りてみてはいかがでしょうか。

STEP 6　以下の矢印やハイライトを参考にスクリプトを音読し、単語や音のリズムを身につけましょう。発音できる音は聞き取れるようになります。

While talent / is indeed responsible for / ①**extraordinary** results, ↑
most ②**accomplishments** / generally result from / ★**a combination of** ↑
practice, ↑ **habit**, ↑ **and mindset**. ↓

発 音 (単 語)

① **extraordinary** [ɪkˈstrɔː(r)d(ə)n(ə)ri] (uhk ·**stror** ·duh ·neh ·ree)
単語の意味の成り立ちはextra + ordinaryで考えるといいでしょう。ordinary(平凡)から突き抜けているから「卓越した、突出した」という意味の単語になります。しかし、発音をするときはextraとordinaryの境界を消します。extraのaの音が脱落しrがordinaryに連結するイメージです。

② **accomplishments** [əˈkʌmplɪʃmənts] (uh ·**kaam** ·pluhsh ·ments)
4つの音節から成り立っていて第2音節にアクセントがきます。つまり第1音節のaはあいまい母音になりますので短く弱く発音します。その直後のアクセントがあるcomのoで勢い良く発音するようにしましょう。

イ ン ト ネ ー シ ョ ン

★ **a combination of practice, habit and mindset**
発音のポイントは、イントネーションを「上げて、上げて、下ろす」です。事象を列挙するなら3つまでが基本です。A, B, and Cの典型的な並列パターン(A↑, B↑, and C↓)です。最後の単語であるCを下げることで並列部分を聞き手にわかりやすく伝わるようにします。

15 Self-care

DL-15

音声を聞きながら、STEP 1 から STEP 6 の順に進めてみましょう。音声はスロースピード
10回→ネイティブのナチュラルスピード3回の順に収録されています。

STEP 1 音声を聞いて聞き取れたキーワードを書いてみましょう。キーワードから連想し
て本文の内容を想像してみましょう。

_____

_____

_____

_____

STEP 2 最大10回まで音声を繰り返し再生し、聞こえた英文の英単語をできるだけ多く
書き取ってみましょう。カタカナではなく全てアルファベットで！なぐり書きで構いません。

> 目安：TOEIC500点台レベル ▶ 10回まで、TOEIC600点台レベル ▶ 7回まで、
> TOEIC700点台レベル ▶ 5回まで、TOEIC800点台レベル ▶ 3回まで

_____

_____

_____

_____

STEP 3 書き取った英文を清書し、文法的に意味が通じるか確認しながら英文を見直し
てみてください。以下に見直しの際のポイントをあげているので、参考にしてみましょう。

_____

_____

_____

☐ 同じ音で違うスペルの単語を適切に書き取れましたか
☐ 音が弱い機能語を文法的に判断できましたか
☐ よく使われる表現・イディオムを書き取れましたか
☐ 1つの単語で様々な意味があることに気づきましたか
☐ 文中で弱くなる音は書き取れましたか
☐ tの音がd/rになる音の変化に気づきましたか（Flap T）
☐ 連結によって文中で弱くなる音は書き取れましたか

答え合わせをし、正しく書き取れなかった部分を確認し、その原因を分析しましょう。

スクリプト＆解説

Taking care of ourselves requires discipline P1because G1it's boring to do things P2that are good for us P3instead of what feels good in the moment. It's V1making the commitment to stay healthy G2and V2balanced as a regular V3practice.

文法 Grammar

G1 ▶ 発音だけではitsかit'sかはわかりません。この場合、it is boring to do things...という構文からit isの短縮形it'sが入るべきだと文法的に判断します。

G2 ▶ このandはつまり、stay healthy and stay balancedということです。発音的だけでan, in, andを聞き分けるのは至難の技ですので文法的な理解から書き取ります。

語彙 Vocabulary

V1 ▶ make a (the) commitmentで「約束をする、誓う」というイディオムです。commitmentだけで覚えるより、よく使われる動詞との組み合わせで覚えておくほうが有用です。

Ex) To be honest, I don't really want to go, but I **made a commitment**.「正直に言うと、あまり行きたくないけれど約束したんだ」

V2 ▶ stay balanced「バランスの取れた状態を保つ」という意味。ワークライフバランスでも摂取するアルコールの量でも、自分の生き方にあった捉え方をしてください。

V3 ▶ 動詞「練習する」を思い出しがちですが、名詞では「実践、実地、習慣」などの様々な意味があります。

発音 Pronunciation

P1 ▶ 英語の会話で頻繁に使われる単語なので、母音を短く「(ビ)カズ」のように発音します。

P2 ▶ thatの語末のtが前後aに挟まれて、母音に挟まれたtの音はdやrに近い音に聞こえます。

P3 ▶ insteadが子音で終わっていて、ofのoと連結して「ィンステデ」(uhn ˈstede) のように聞こえます。ofのfは脱落します。

STEP 5 **STEP 4** のスクリプトから和訳を書いて、意味を確認しましょう。ここでは訳すことで意味がしっかりと理解できているかを確認します。

_____

_____

_____

_____

和訳 健康を維持するには、自らを律する必要があります。なぜなら、いま楽をすることより、将来の自分の体にとって良いことをするのは退屈で飽きやすいからです。しかしそれを日常生活に取り入れることによって、健康でバランスのとれた状態を保つことができます。

ボキャブラリー

□ **discipline** (n)：しつけ、自制心
□ **make a commitment**：約束する
□ **practice** (n)：実演、演習、練習、実行

テーマのコラム

アメリカ人のバランスのとり方

アメリカの富裕層は教育水準も高く、徹底した規律の元、健康維持につとめています。フィットネスジムに出社前に行き、パーソナルトレーナーの指導を受けています。食事面に関しても高級スーパーにはオーガニック食材が並び、体にいいものを調理する術を知っています。メンタル面でも問題が小さいうちから第三者に相談するということが習慣になっています。

アメリカでは何かに思い悩んだ時、カウンセラーに相談するということがごく一般的に行われています。日本と比べて専門家のカウンセリングを受けることへの敷居が低く、恋人との関係がうまくいかない、ペットが死んでしまって元気が出ない、学校の成績が伸び悩んでいるなど、様々な理由で悩む人たちがカウンセラーの元を訪れます。その悩みに大小はなく、どんな内容であってもカウンセラーは訪れる人の声に耳を傾けてくれます。

STEP 6 **以下の矢印やハイライトを参考にスクリプトを音読し、単語や音のリズムを身につけましょう。発音できる音は聞き取れるようになります。**

Taking care / of ourselves / requires ①**discipline** ↓

because / it's boring / to do things / that are good / for us ↑

instead of / what feels good / in the moment. ↓

★It's making / the ②**commitment** / to stay healthy / and balanced / as a regular practice. ↓

発音（単語）

① **discipline** [ˈdɪsəplɪn] (di ˈsuh ˈpluhn)

3つの音節から成り立っている単語です。第1音節diにアクセントがあるのでしっかり強調して発音します。第2音節のsciは、多くの日本人が「シ」として発音しがちです。これは似て非なる音です。正しくは、ABCのCの音です。発音の仕方ですが、上の歯と下の歯の間に狭い隙間を作ります。その隙間から勢いよく息を吐き出します。左右に口を広げながら、口角を上げる意識で。難しければ「スィー」という発音をしてみて少しずつ「ス」と「ィ」の間を詰めていきましょう。

② **commitment** [kəˈmɪtmənt] (kuh ˈmit ˈmuhnt)

commitment は3つの音節から成り立っている単語です。第2音節のmitにアクセントがあるのでしっかり強調します。ただし、mitのiの音は短母音なのであまり横に伸ばさないように。第1音節のcoが「コ」という発音にならないように注意しましょう。あいまい母音で、「ク」のイメージの方が近いです。

イントネーション

★ healthyが2文目の真ん中になります。healthyが山の頂点になるようにIt's making the commitment to stayのイントネーションは上げていきます。healthyを境にand balanced as a regular practiceのイントネーションを下げていきます。余裕があればイントネーションを上げていくときは同時にピッチ（スピード）も上げていきます。逆にイントネーションを下げていくときは同時にピッチも下げていきます。

16 Hate Crimes

音声を聞きながら、STEP 1 から STEP 6 の順に進めてみましょう。音声はスロースピード 10回→ネイティブのナチュラルスピード3回の順に収録されています。

STEP 1 音声を聞いて聞き取れたキーワードを書いてみましょう。キーワードから連想して本文の内容を想像してみましょう。

STEP 2 最大10回まで音声を繰り返し再生し、聞こえた英文の英単語をできるだけ多く書き取ってみましょう。カタカナではなく全てアルファベットで！なぐり書きで構いません。

> 目安：TOEIC500点台レベル ▶ 10回まで、TOEIC600点台レベル ▶ 7回まで、
> TOEIC700点台レベル ▶ 5回まで、TOEIC800点台レベル ▶ 3回まで

STEP 3 書き取った英文を清書し、文法的に意味が通じるか確認しながら英文を見直してみてください。以下に見直しの際のポイントをあげているので、参考にしてみましょう。

- □ 定冠詞と不定冠詞の使い方は理解していますか
- □ 音が弱い機能語を文法的に判断できましたか
- □ よく使われる表現・イディオムを書き取れましたか
- □ スペルと違う音をきちんと書き取れましたか（Silent b）
- □ カタカナ発音と違う音は書き取れましたか
- □ カタカナにした時に似た発音を聞き分けられましたか

スクリプト＆解説

The finger-and-**P1**thumb OK sign is universally **V1**known for meaning everything is all right. Now, the "OK" hand gesture is **P2**also **G1**a hate symbol. If **G2**the public is informed, the sign can serve as a **P3**first warning to the presence of people who **V2**intend to commit hate crimes.

文法 Grammar

G1 ▶ 不定冠詞aは機能語でほとんど聞こえません。文をThe gesture is a hate symbol.と簡略化すると、不定冠詞aが入るべきだとわかります。

G2 ▶ the publicで「世間一般」。一般的によく使われるので知っていればaではなくtheを書き取ることができます。

語彙 Vocabulary

V1 ▶ be known for～「～として知られている」というイディオムを知っているとuniversallyが挿入されたis universally known forのかたまりに気づくことができます。

V2 ▶ intend to do～で「～をするつもりである」という意味を知っていると、聞き落としがちなtoにも気づくことができます。

Ex) I **intend to** repay the money that they lent me.「彼らが私に貸したお金を返すつもりだ」

I **intend to** study abroad in the US next year.「来年、アメリカに留学するつもりだ」

発音 Pronunciation

P1 ▶ 語末のbの音は全く発音しませんがスペルではbが必要です。Silent bと呼びます。

P2 ▶ 語頭のalは「お」の口で「あ」という音になります。Short Oとの区別が難しいですが、Short Oよりも口の開きがもう少し少なく、「お」より「あ」に近い音です。他にもalways, salt, talk, walkなども同じ音です。

P3 ▶ 「ファースト」で音を覚えているとfirstなのかfastなのか瞬時の判断で迷いがちです。firstはirがR-controlled vowelですのでSTEP 6 で発音をきちんと言い分けられるようにすれば聞き取れます。

STEP 4 のスクリプトから和訳を書いて、意味を確認しましょう。ここでは訳すことで意味がしっかりと理解できているかを確認します。

_____

_____

_____

_____

| 和訳 | 指で作るOKサインは、すべて順調だという意味として広く認知されています。しかしこの「OK」のジェスチャーは、今や「ヘイト（憎しみ）」の象徴ともされています。この事実をより多くの人が認識することで、犯罪予備軍に対する心構えができるでしょう。

ボキャブラリー

- **universally** (adv)：一般に、普遍に
- **serve as〜**：〜として役に立つ
- **presence** (n)：存在、出席、臨場、参列

テーマのコラム

日本ではOKのジェスチャー、アメリカでは…!?
日本人にとってもOKサインと言えば「全て順調」という意味が浸透しています。アメリカ手話 (American Sign Language) でOKサインは9という数字を表すサインです。

2017年以降、OKサインはホワイト・パワーやホワイトプライドという人種差別的な思想と関連づけられるようになりました。諸説ありますが、図の通り、立っている3本の指が「W」を表し、親指と人差し指で作る丸の部分から腕にかけて「P」を表すことからホワイトパワーの頭文字になると言われています。反差別を掲げる米国最大のAnti-Defamation League（名誉毀損防止同盟）はOKサインを公式なヘイトシンボルとして指定したことを発表しました。

発音ポイント

STEP 6 **以下の矢印やハイライトを参考にスクリプトを音読し、単語や音のリズムを身につけましょう。発音できる音は聞き取れるようになります。**

★The finger-and-thumb / OK sign / is ①**universally** / known for ↑
meaning everything / is all right. ↓
Now, / the "OK" hand gesture / is also / a hate symbol. ↓
If the public / is informed, ↓ / the sign / can serve / as a ②**first warning** ↑
to the ③**presence** / of people / who intend to / commit hate crimes. ↓

発音（単語）

① **universally** [juːnɪˈvɜː(r)s(ə)li] (yoo ·nuh **vur** ·suh ·lee)
5音節もある少し長めの単語です。真ん中の第3音節にアクセントがきます。長めの単語でアクセントが2ヶ所あり、第2アクセントが第1音節にきます。

② **first** [fɜː(r)st] (furst)
多くの日本人を悩ませるのがfirstのirの母音の音です。R-controlled vowelですね。「あー」と伸ばすだけのカタカナ英語の発音はfastの区別がつかなくなります。舌を思いっきり奥に引いて喉を鳴らします。口先をすぼめた方が発音がしやすい方もいれば、口角を上げて小さく舌を巻く方が発音しやすいという方もいます。いずれにしても口先では音が出きません。腹式呼吸ができて初めて出る音です。

③ **presence** [ˈprezns] (**preh** ·zns)
第1音節にアクセントを置きます。第2音節は母音を入れないように発音してください。

イントネーション

★ 1文目の真ん中にくるのがuniversallyになります。universallyが山の頂点になるようにThe finger-and-thumb OK sign isのイントネーションは上げていきます。universallyを境にknown for meaning everything is all rightのイントネーションを下げていきます。余裕があればイントネーションを上げていくときは同時にピッチ（スピード）も上げていきます。逆にイントネーションを下げていくときは同時にピッチも下げていきます。

複合名詞・形容詞

以下は全て複合名詞です。2つの単語をくっつけて1つの単語として一気に発音します。その新しい単語のアクセントはいずれの場合も最初にきます。

finger-and-thumb, OK sign, OK hand gesture, hate symbol, hate crime

音声を聞きながら、STEP 1 から STEP 6 の順に進めてみましょう。音声はスロースピード
10回→ネイティブのナチュラルスピード3回の順に収録されています。

STEP 1 音声を聞いて聞き取れたキーワードを書いてみましょう。キーワードから連想し
て本文の内容を想像してみましょう。

_____

_____

_____

STEP 2 最大10回まで音声を繰り返し再生し、聞こえた英文の英単語をできるだけ多く
書き取ってみましょう。カタカナではなく全てアルファベットで！なぐり書きで構いません。

[目安：TOEIC500点台レベル ▶ 10回まで、TOEIC600点台レベル ▶ 7回まで、
TOEIC700点台レベル ▶ 5回まで、TOEIC800点台レベル ▶ 3回まで]

_____

_____

_____

STEP 3 書き取った英文を清書し、文法的に意味が通じるか確認しながら英文を見直し
てみてください。以下に見直しの際のポイントをあげているので、参考にしてみましょう。

_____

_____

_____

□ 音が弱い機能語を文法的に判断できましたか
□ 語源で意味を推測できましたか
□ 複合名詞・形容詞に気づきましたか
□ 小さい「っ」のように変わるtの音を書き取れましたか
□ カタカナ発音と違う音は書き取れましたか
□ tの音がd/rになる音の変化に気づきましたか（Flap T）

STEP 4　答え合わせをし、正しく書き取れなかった部分を確認し、その原因を分析しましょう。

スクリプト&解説

People wishing G1to V1hydrate at San Francisco International Airport G2will have to drink from a water P1fountain, bring their own reusable bottle, or prepare to buy an V2airport-approved glass G3or P2aluminum water P3bottle.

▌文法 Grammar

G1 ▶ 機能語toはほぼ聞き取れません。wish to do〜「〜をしたいと望む」という使い方を知っていれば、toとそのあとに動詞が入ることに気づき、wishing to hydrateを書き取れます。

G2 ▶ willは機能語で「ウォ」程度にしか聞こえないでしょう。will have to〜「〜しなくてはいけないでしょう」。have toの過去形はhad toで、未来形にすると、willをたしてwill have toと言います。

G3 ▶ orの発音は機能語で弱くなり、/er/に聞こえます。「ガラスもしくはアルミ製のボトル」という意味だと理解できるとorが書き取れます。

▌語彙 Vocabulary

V1 ▶ ここではhydrate「自分に水を与える」という直訳から主語は「サンフランシスコ国際空港で水分補給をしたい人は…」という訳になります。hydroの語源は、ギリシャ語で「水」を意味します。hydrogen「水素」、hydroelectric「水力発電」も同じ語源です。

V2 ▶ スクリプトを見直した時点でairport-approvedが複合形容詞だと気づき、ハイフンを入れることができたら十分です。

▌発音 Pronunciation

P1 ▶ fountainのtの音を、かわいそうな「t」と呼んでいます。「ファウンテン」ではなく「ファッウン」(faw‧n)のような発音に聞こえます。

P2 ▶ 「アルミニウム」ではなく「ァルーミナム」(uh‧**loo**‧muh‧nuhm)のように聞こえるでしょう。冒頭のaの音にアクセントがないので「ア」が聞こえず別の単語と聞き間違えてしまう方も多いです。

P3 ▶ カタカナの「ボトル」が頭から離れないと聞き取りにくいです。Flap Tで-ttleが「バロォ」(**baa**‧tl)のように聞こえます。

17　San Francisco ｜ 95

_____

_____

_____

_____

和訳　　サンフランシスコ国際空港で水を飲みたい場合は、水飲み場の水を飲むか、再利用可能なボトルを持参するか、もしくは空港が許可しているガラス製かアルミ製のボトルを購入しなければならないでしょう。

ボキャブラリー

☐ **hydrate** (v)：〜に水分補給する
☐ **water fountain** (n)：（噴水式）水飲み場
☐ **reusable** (adv)：再利用できる
☐ **approved** (adv)：承認された

テーマのコラム

プラスチックゴミ問題

プラスチックゴミは世界が直面する大きな問題です。プラスチックは軽くて丈夫で、加工がしやすく、耐水性もある、とても便利でしかも安価な素材です。

しかし、2050年の海は魚よりプラスチックゴミのほうが多くなるかもしれないと言われています。また捨てられたプラスチックゴミは川から海へと流れ、波の力や紫外線の影響などで細かく砕けていきます。5ミリ以下になったゴミはマイクロプラスチックと呼ばれ、世界中の海に存在しています。これが人間の体に蓄積していくと人体にとっても有害だろうと言われています。

世界中でプラチックゴミの排出量を減らす取り組みが行われています。その先進的な例がサンフランシスコ国際空港です。マイボトルに給水するステーションが点在しています。これからはますますこのような取り組みに期待されます。

STEP 6 **以下の矢印やハイライトを参考にスクリプトを音読し、単語や音のリズムを身につけましょう。発音できる音は聞き取れるようになります。**

People / wishing / to ①**hydrate** / at San Francisco International Airport ↑
will have to / drink from / a water ②**fountain**, ↑
bring their / own reusable bottle, ↑
or prepare / to buy / an airport-approved glass ↑
or ③**aluminum water bottle**. ↓

発音（単語）

① **hydrate** [ˈhaɪdreɪt] (**hai**drait)
hy部分にアクセントを置き、/hai/と発音します。

② **fountain** [ˈfaʊntn] (**faw**ˑn)
STEP 4 でもお伝えしたように、t部分は日本語の小さい「っ」を発音するような感覚で発音してみましょう。ファウンテンのようにtの弾くような音は出さないように。「ファッウン」のほうが近いです。

③ **aluminum** [əˈluːmənəm] (uh ˑ**loo** ˑmuh ˑnuhm)
アクセントは第2音節のluです。STEP 4 でも触れたように、語頭の母音があいまい母音ではっきり発音されません。また、minum部分もあいまい母音なので、唇の力を抜いて発音しましょう。あいまい母音に挟まれているので、アクセントのあるluを強く発音しましょう。

イントネーション

長い1文にどうイントネーションをつけて発音するかがポイントになります。サンフランシスコ国際空港で水分補給をしたいと思ったら以下の3つの選択肢がある、という文の構造と意味をまず整理します。

　　1.drink from a water fountain
　　2.bring a reusable bottle
　　3.buy a water bottle

3はどんなボトルかというとairport-approved glassかaluminumの2つ。
この意味に合わせて上記の改行、↓↑に合わせて読んでみましょう。

複合名詞・形容詞

San Francisco International Airport, water fountain, airport-approved, aluminum water bottle

18 Cashless Technology

DL-18

音声を聞きながら、STEP 1 から STEP 6 の順に進めてみましょう。音声はスロースピード10回→ネイティブのナチュラルスピード3回の順に収録されています。

STEP 1 音声を聞いて聞き取れたキーワードを書いてみましょう。キーワードから連想して本文の内容を想像してみましょう。

_____

_____

_____

_____

STEP 2 最大10回まで音声を繰り返し再生し、聞こえた英文の英単語をできるだけ多く書き取ってみましょう。カタカナではなく全てアルファベットで!なぐり書きで構いません。

> 目安:TOEIC500点台レベル ▶ 10回まで、TOEIC600点台レベル ▶ 7回まで、
> TOEIC700点台レベル ▶ 5回まで、TOEIC800点台レベル ▶ 3回まで

_____

_____

_____

_____

STEP 3 書き取った英文を清書し、文法的に意味が通じるか確認しながら英文を見直してみてください。以下に見直しの際のポイントをあげているので、参考にしてみましょう。

_____

_____

_____

_____

- □ 文脈から適切な時制は選べましたか
- □ 複数形のSは書き取れましたか
- □ 音が弱い機能語を文法的に判断できましたか
- □ 接頭辞+単語の組み合わせの単語がわかりましたか
- □ 語源で意味を推測できましたか
- □ カタカナ発音と違う音は書き取れましたか
- □ tの音がd/rになる音の変化に気づきましたか(Flap T)

STEP 4　**答え合わせをし、正しく書き取れなかった部分を確認し、その原因を分析しましょう。**

スクリプト＆解説

Japan G1invented two of the key cashless G2technologies: the QR code G3and near-field communication. Despite this, P1extreme market V1overcrowding, structural P2obstacles, and V2demographics stand in the way of Japan becoming a cashless P3society.

文法 Grammar

G1 ▶「日本は技術を開発した」という内容から文法的に当てはまるのは次の3つの活用形。そこから消去法で過去形を選びます。1）Japan is inventing：isと-ingの音は聞こえなかった、2）Japan invented 3）Japan invents：-tsの音は聞こえなかった。

G2 ▶ 複数形のsの聞き落としに注意。two of the key cashless technologiesのtwoに気づけば「2つの技術」、つまり複数形だと気づくことができます。

G3 ▶ inもandもどちらも「ん」に聞こえます。文法的に考えて日本が開発したのは2つの技術、「QR codeとnear-field communication」ということでandが適切です。

語彙 Vocabulary

V1 ▶ 接頭辞overは「超えて」「過度に」という意味でover「過度に」＋crowding「混雑している」という意味。overbooking「過剰予約」、oversleep「寝過ごす」も同じ接頭辞です。

V2 ▶ demoの語源は古代ギリシャ語由来で「市民、国民、民衆」などの意味。democracy「民主主義」、epidemic「伝染性の」、demonstration「デモ行進」なども同じです。

発音 Pronunciation

P1 ▶ カタカナの「エキストリーム」とは違い、exの部分が(iks)という発音になります。

P2 ▶ 冒頭のoの音はShort Oで「お」よりも「あ」の音に近く聞こえます。bとsの間に母音「う」を入れないように。最後のleはDark Lなので「オー」に近い音です。「アーブスタコー」のように聞こえます。

P3 ▶ 語頭のso「ソ」の音はどちらかというと「ス」に近く聞こえます。語末のtyは母音に挟まれtがd/rに近い音に聞こえるでしょう。「スサイアリー」のように聞こえるはずです。

_____

_____

_____

_____

和訳 日本は2つの重要なキャッシュレス技術を開発しました。QRコードとNFC(交通系ICカード等)です。それにもかかわらず、決済システムの乱立や構造的な障壁、技術についていけない人口層の問題が、日本のキャッシュレス社会実現の前に立ちはだかっています。

_____

ボキャブラリー

- □ **extreme** (adj)： 極度の、極端な
- □ **overcrowding** (n)： 超過密、密集
- □ **structural** (adj)： 構造上の、組織の
- □ **obstacle** (n)： 障害、妨害
- □ **demographics** (n)： 人口統計、［特定の］層、集団

テーマのコラム

世界に浸透した日本の技術

QRコードは1994年に自動車部品メーカーのデンソーが発明したマトリックス型の二次元コードです。QRはQuick Responseの頭文字をとった省略語で高速読み取りを目的としている名称です。オープンソースだったため、その使用はトヨタのサプライチェーンに留まらず現在では日本に限らず世界中に広く普及しています。

NFCはnear-field communicationの頭文字で近距離無線通信を意味します。ソニーとNXPセミコンダクターズ（旧フィリップスセミコンダクターズ）によって共同開発されたNFCは2003年12月にISO/IEC 18092として国際標準規格に承認されました。いずれも日本が開発し世界に浸透した技術といえるでしょう。

発音ポイント

STEP 6 以下の矢印やハイライトを参考にスクリプトを音読し、単語や音のリズムを身につけましょう。発音できる音は聞き取れるようになります。

Japan invented / two of the key / cashless technologies:
the QR code / and near-field communication. ↓
Despite this, / ↓
extreme market overcrowding, ↑
structural ①**obstacles**, ↑
and ②**demographics** ↓
stand in the way of / Japan / becoming / a cashless society. ↓

発音（単語）

① **obstacles** [ˈɑːbstəklz] (**aab** ·stuh ·klz)
STEP 4 と繰り返しになりますが冒頭のoの音はShort Oで口を大きく縦に開いて「あ」を発音します。ここにアクセントが置かれているので少し長めに強く発音しましょう。bとsの間に母音「う」を入れないように気をつけ、最後のleはDark Lなので「オー」と伸ばすように発音します。カタカナで言うと「アーブスタコー」のようになります。

② **demographics** [ˌdeməˈgræfɪks] (deh ·muh **·gra** ·fuhks)
音節数が多く、長い単語になればなるほどアクセントの位置をしっかり意識して発音することが大切になります。第3音節にアクセントがきます。graのaの「え」の口で「あ」の音をしっかり伸ばします。第4音節のphicsは短く(fuhks)という発音になります。日本語の「フィックス」のように小さい「っ」を入れた音にならないようにしましょう。

複合名詞・形容詞

extreme market overcrowdingの発音のポイントはmarket overcrowding を複合名詞、extremeをこの複合名詞を形容する形容詞であることを認識しながら発音することです。複合名詞market overcrowdingは1つの単語のようにくっつき、最初の単語market にアクセントがきます。それを修飾するextremeとmarket overcrowdingの間に少しポーズをおいて発音します。

QR code, near-field communication, market overcrowding

DL-19

音声を聞きながら、STEP 1 から STEP 6 の順に進めてみましょう。音声はスロースピード
10回→ネイティブのナチュラルスピード3回の順に収録されています。

STEP 1 音声を聞いて聞き取れたキーワードを書いてみましょう。キーワードから連想し
て本文の内容を想像してみましょう。

_____

_____

_____

STEP 2 最大10回まで音声を繰り返し再生し、聞こえた英文の英単語をできるだけ多く
書き取ってみましょう。カタカナではなく全てアルファベットで！なぐり書きで構いません。

> 目安：TOEIC500点台レベル▶10回まで、TOEIC600点台レベル▶7回まで、
> TOEIC700点台レベル▶5回まで、TOEIC800点台レベル▶3回まで

_____

_____

_____

_____

STEP 3 書き取った英文を清書し、文法的に意味が通じるか確認しながら英文を見直し
てみてください。以下に見直しの際のポイントをあげているので、参考にしてみましょう。

_____

_____

_____

□ 複数形のSは書き取れましたか
□ 定冠詞と不定冠詞の使い方は理解していますか
□ 所有格のSは書き取れましたか
□ よく使われる表現・イディオムを書き取れましたか
□ 1つの単語で様々な意味があることに気づきましたか
□ カタカナ発音と違う音は書き取れましたか

答え合わせをし、正しく書き取れなかった部分を確認し、その原因を分析しましょう。

スクリプト＆解説

Soon, there will be no more **G1**manholes in **P1**Berkeley, **P2**California. There will also be no chairmen, no manpower, no policemen or policewomen. Words that imply **G2**a gender preference will be **V1**removed from the **G3**city's **V2**codes and **V3**replaced with gender-neutral terms.

文法 Grammar

G1 ▶ 複数形のsに注意。カリフォルニアのバークレーという街にあるマンホールの話なので、もしsが聞き取れなくても1つではない（複数形であるべき）とわかりますね。

G2 ▶ 不定冠詞aは、短く弱い音の単語なのでほぼ聞き取れないでしょう。文法的に考えてgender preferenceが単数であることからaが入るべきだと見当をつけ書き取りましょう。性別の嗜好性は様々で決められないので不定冠詞で、theではありません。

G3 ▶ 所有格のsですね。sが聞き取れたとしてもcities codesと複数形が続くのはおかしく、「市の条約」という意味からcities（複数形）ではなくcity'sであるとわかります。

語彙 Vocabulary

V1 ▶ 機能語fromは音としては聞き取れなくて当然ですがremovedからcity'sの間になにかが聞こえると感じる人は多いでしょう。その時にremove from〜「〜から取り除く、［規則］を廃止する」を知っていると書き取れます。

V2 ▶ この話題の流れだと「なぜここでコード？」と疑問に思い、止まってしまうかもしれませんが「法体系、法典」という意味も知っているとこの単語が書き取れるでしょう。

V3 ▶ V1と同じでreplace with〜「〜と取り替える、置き換える」を知っていると音が弱くなり聞こえなくなりがちなwithを推測して書き取れます。

発音 Pronunciation

P1 P2 ▶ 地名は出会うたびに改めて一つひとつ発音を覚えていくようにします。カタカナに引きずられて「バークレー」や「カリフォルニア」と覚えないように。Berkeleyは「バークリ」、Californiaは「キャリフォーニャ」に近い音で聞こえます。

STEP 5 STEP 4 のスクリプトから和訳を書いて、意味を確認しましょう。ここでは訳すことで意味がしっかりと理解できているかを確認します。

_____

_____

_____

_____

_____

和訳 近く、カリフォルニア州バークレーの街からマンホールはなくなります。また、チェアマン(議長)、マンパワー(人材)、ポリスマン(警察官)、ポリスウーマン(女性警察官)も姿を消します。性別を暗に示唆する言葉は市の条約で禁止され、性別の区別のない表現に置き換えられます。

ボキャブラリー

☐ **gender** (n)：性別
☐ **preference** (n)：好み、選択
☐ **neutral** (adj)：中立の

テーマのコラム

言語とジェンダー

言語はそれを使う人たちの思考や価値観を如実に表します。男女という性別の区別が大切だった時代においてはウェイター（男性形）、ウェイトレス（女性形）のような男女の性別を表す単語の必要性がありました。アカデミー賞には今でもベストアクター（主演男優賞）、ベストアクトレス（主演女優賞）という区分けがあります。

しかし、昨今は、性別は二者択一ではなくなってきました。LGBTという概念もどんどん進んでいて、ゲイやレズビアンだけでなく自分の性別がわからない、意図的に決めていない、決まっていない人という人もいます。そのような社会に暮らす人たちの使う言語にもその思考が現れるようになるのはごく自然なことで、これからもどんどん変わっていくでしょう。

STEP 6 **以下の矢印やハイライトを参考にスクリプトを音読し、単語や音のリズムを身につけましょう。発音できる音は聞き取れるようになります。**

Soon, / there will be no more ①**manholes** in Berkeley, California. ↓
There will / ★¹**also** be / no chairmen, ↑ no manpower, ↑ no policemen ↑ or policewomen. ↓
Words / that imply / a ★²**gender** ②**preference** ↑
will be / removed from / the city's codes ↓
and replaced with / ★²**gender-neutral terms**. ↓

発音（単語）

① **manholes** [ˈmænhoʊlz] (**man** ·howlz)
第1音節にアクセントが置かれます。manの部分のaは「え」の口で「あ」という音です。holeのhoは「ホー」ではなく「ホウ」、語末のlは「ル」ではなく、舌先を上の前歯の後ろに軽くあてて、勢いよく離しながらLの音をきれいに発音しましょう。

② **preference** [ˈprefrəns] (**preh**·fr·uhns)
カタカナ表記で見かけられるようにもなってきた「プレファレンス」ですが、引きずられないようにしましょう。カタカナ発音のようにpとrの間に「ウ」という母音を入れない（プレではない）ようにしましょう。

イントネーション

★¹ **also**
文章を読むときは意味を伝えることを意識しましょう。
1行目でthere will be no...（マンホールがなくなります）
2行目でもThere will also be no...と続くので（さらにchairman、manpower...もなくなります）
「マンホールだけでなく、これらもなくなる」ということを強調するため2行目のThere will also be no...のalsoは強調して発音します。

★² **gender preference、gender-neutral**
この2つの単語は対比しているので両方の単語を強調して読むようにします。

複合名詞・形容詞

manholes, chairmen, manpower, policemen, policewomen, gender preference, gender-neutral terms

Anime

音声を聞きながら、STEP 1 から STEP 6 の順に進めてみましょう。音声はスロースピード 10回→ネイティブのナチュラルスピード3回の順に収録されています。

STEP 1 音声を聞いて聞き取れたキーワードを書いてみましょう。キーワードから連想して本文の内容を想像してみましょう。

_____

_____

_____

_____

STEP 2 最大10回まで音声を繰り返し再生し、聞こえた英文の英単語をできるだけ多く書き取ってみましょう。カタカナではなく全てアルファベットで！なぐり書きで構いません。

> 目安：TOEIC500点台レベル ▶ 10回まで、TOEIC600点台レベル ▶ 7回まで、
> TOEIC700点台レベル ▶ 5回まで、TOEIC800点台レベル ▶ 3回まで

_____

_____

_____

_____

STEP 3 書き取った英文を清書し、文法的に意味が通じるか確認しながら英文を見直してみてください。以下に見直しの際のポイントをあげているので、参考にしてみましょう。

_____

_____

_____

_____

- □ 前置詞の用法を理解して書き取れましたか
- □ 所有格のSは書き取れましたか
- □ 音が弱い機能語を文法的に判断できましたか
- □ 専門用語など聞きなれない単語を理解できましたか
- □ 複合名詞・形容詞に気づきましたか
- □ 数字は聞き取れましたか

STEP 4 **答え合わせをし、正しく書き取れなかった部分を確認し、その原因を分析しましょう。**

スクリプト&解説

The destruction of Kyoto Animation Studio **G1**on Thursday, in a suspected **V1**arson attack that left **P1**36 people dead in the **G2**country's worst **V2**mass killing in almost **P2**20 years, is a terrible loss **G3**for both **V3**humanity and art.

▎文法 Grammar

G1 ▶ 前置詞onは聞き取りにくいでしょうが、「on+曜日」で曜日の前にはonがくる、とセットで覚えておくと書き取れます。

G2 ▶ 複数形や所有格を表す語末のsは聞き取りにくいですね。ここでは所有格のsですが複数形countriesと発音は全く同じなので書き取る時は意味で判断しましょう。

G3 ▶ forは機能語で「フォ」のような短い音でしか発音されませんがboth humanity and art「人類と芸術の双方」とa terrible loss「非常に大きな損失」をつなぐ単語を考えると「〜にとって」が浮かびforが推測できます。

▎語彙 Vocabulary

V1 ▶ arsonは「放火」という意味の名詞です。日常会話で頻繁に使う単語ではないですがニュースなどでは流れることも多いのでこれを機会に覚えておきましょう。

V2 ▶ mass killing「大量殺人」という複合名詞です。これも**V1**と同様にニュース用語ですが複合名詞だとわかると聞き取りやすくなります。

V3 ▶ humanityは「人間・人類」という名詞。Arts & Humanities (人文科学)という表現があり、その流れでartsとセットで使われる頻度が多いのがhumanity、humanitiesとなります。

▎発音 Pronunciation

P1 P2 ▶ 2桁の数字なので比較的聞き取りやすいでしょう。

36は[ˈθɜːrti sɪks] (**thur**·tee siks)、20は[ˈtwenti] (**twen**·tee)と発音します。2桁の数字の音がすんなり頭に入ってくるようになると4桁以降の数字も徐々に聞き取りに慣れてくるはずです。

STEP 5 STEP 4 のスクリプトから和訳を書いて、意味を確認しましょう。ここでは訳すことで意味がしっかりと理解できているかを確認します。

_____

_____

_____

_____

和訳 京都アニメーションスタジオが壊滅状態となった、木曜日に起きた事件は、放火の疑いがあり、36人もの命を奪いました。過去およそ20年間に起きた中でも国内最悪の大量殺人となってしまったこの事件は、人類にとっても芸術界にとっても、非常に大きな損失です。

ボキャブラリー

- **destruction** (n)：破壊、大量殺人
- **suspected** (adj)：疑わしい、疑いのある
- **arson** (n)：放火
- **mass killing** (n)：大量殺人

テーマのコラム

日本のアニメの魅力

今や日本のアニメはワールドワイド。アメリカで日本語や日本文化を専攻する学生の大半はアニメファンと言っても過言ではありません。なぜ日本のアニメがここまで人気があるのかというと「子ども用のもの」という枠を超えているからと言われています。

アメリカでアニメというとディズニー映画や小学生未満の子どもが見るものというイメージが長年ありました。日本のアニメは大人も虜にしてしまうストーリー、キャラクター、画のクオリティがあり、これが世界中に広がった要因と考えられています。

STEP 6　以下の矢印やハイライトを参考にスクリプトを音読し、単語や音のリズムを身につけましょう。発音できる音は聞き取れるようになります。

The ①**destruction** of / **Kyoto Animation Studio** / on Thursday, ↑
in a suspected / ★ ②**arson attack** / that left / 36 people dead ↓
in the country's / worst mass killing ↑
in almost 20 years, ↓
is a ③**terrible loss** ↑
for both humanity ↑ / and art. ↓

▌ 発音（単語）

① **destruction** [diˈstrʌkʃən] (dee ˈstruhk ˌshn)
アクセントの位置に注意しましょう。第2音節strucに置きます。
カタカナの「デストラクション」で覚えてしまっていると英語では聞き取れません。日本語のように間に母音を挟まないので、子音と子音が隣り合わせになるstrの部分の発音ができるようになると聞き取りもできるでしょう。

② **arson** [ˈɑː(r)s(ə)n] (**aar** ˌsn)
語頭にアクセントを置きます。Short Oなので口を縦に開いて「あ」とはっきり言いましょう。第2音節のsonには母音を入れないように。

③ **terrible** [ˈterəb(ə)l] (**teh** ˌruh ˌbl)
第1音節teにアクセントを置きます。teを言う時にしっかり母音eをのばしましょう。また最後のbleは、Dark Lで「テリボー」のようになります。「テリブル」とならないように。

▌ 発音（連結）

★**arson attack**
arsonのnとattackのaが連結して「アーソナタック」のように。

▌ 複合名詞

mass killingで複合名詞でしたね。その複合名詞を修飾するworstなのでここもworst mass killingで一気に発音できるといいですね。Kyoto Animation Studioで1つの固有名詞なので、間で区切らず3つの単語で1単語のように、一気につなげて発音することに注意しましょう。
Kyoto Animation Studio, arson attack, mass killing

21 Inclusivity

DL-21

音声を聞きながら、STEP 1 から STEP 6 の順に進めてみましょう。音声はスロースピード
10回→ネイティブのナチュラルスピード3回の順に収録されています。

STEP 1 音声を聞いて聞き取れたキーワードを書いてみましょう。キーワードから連想し
て本文の内容を想像してみましょう。

_____

_____

_____

_____

STEP 2 最大10回まで音声を繰り返し再生し、聞こえた英文の英単語をできるだけ多く
書き取ってみましょう。カタカナではなく全てアルファベットで！なぐり書きで構いません。

目安：TOEIC500点台レベル ▶ 10回まで、TOEIC600点台レベル ▶ 7回まで、
TOEIC700点台レベル ▶ 5回まで、TOEIC800点台レベル ▶ 3回まで

_____

_____

_____

_____

STEP 3 書き取った英文を清書し、文法的に意味が通じるか確認しながら英文を見直し
てみてください。以下に見直しの際のポイントをあげているので、参考にしてみましょう。

_____

_____

_____

_____

☐ 文脈から適切な時制は選べましたか
☐ 専門用語など聞きなれない単語を理解できましたか
☐ よく使われる表現・イディオムを書き取れましたか
☐ 固有名詞がわかりましたか
☐ カタカナ発音と違う音は書き取れましたか

スクリプト&解説

P1Mattel G1announced that fans can now buy v1UNO Braille. The company G2worked with the National Federation of the Blind to make the game more v2inclusive for the P27 million blind and v3low-vision people in the US.

▌文法 Grammar

G1 G2 ▶ announcedの過去形のedはあまり聞こえないでしょう。意味を考えると、ここが過去形だと推測できます。**G2**のworkedの過去形のedも同様に聞き取りにくいでしょうが**G1**の時制と揃えて、意味から判断して過去形を書き取ります。

▌語彙 Vocabulary

V1 ▶ 商品名なのでUNOはわかる人も多いかもしれませんがBrailleは「点字」という意味です。フランス人の視覚障がいを持ち盲学校教師だったルイ・ブライユ(Louis Braille)が1821年に考案した、世界の標準となった点字法。考案者(フランス人)の名前なので発音はスペルから予測が難しいです。これを機に知識として新たに習得しましょう。

V2 ▶ inclusiveは「全てを含んだ、包括的な、包含的な」という意味の単語です。ニュースなどではよく耳にしますので慣れておきましょう。あわせて反対の意味を表すexclusive「中に入れない、排外的な、排他的な」も覚えておきましょう。

V3 ▶ こちらも日常会話よりもニュースや医学関連の専門用語に近いのでlow-visionの意味がわかりにくかったかもしれません。弱視は一般的に「通常の教育をうけるのが困難なほどの低視力」という意味で使われていますが、医学的には「視力の発達が障害されておきた低視力」、眼鏡をかけても視力が十分でない場合を指します。

▌発音 Pronunciation

P1 ▶ 固有名詞なので知らないと書き取れませんが問題ありません。固有名詞であることが文脈から推測できれば気をとられてリスニングにつまずくことが減ることでしょう。

P2 ▶ カタカナの「ミリオン」だと思っていると聞き取れないので要注意。アクセントは頭にあり、(mi·lee·uhn)のように発音されます。700万であれば、まだ日本語にも変換しやすいですが、桁数が増えると数字の日本語変換が難しくなるので「millionは100万」と暗記しておきましょう。

和訳　Mattel社はこのほど、点字版UNOの発売を発表しました。同社は全米盲人連盟と手を組み、アメリカの700万人もの視覚障がいを持つ人や低視力（弱視）の人々を含む、より多くの人が参加できるよう、働きかけました。

ボキャブラリー

- **Braille** (n)：点字
- **low-vision** (adj)：弱視の、低視力の

テーマのコラム

アメリカのバリアフリー社会

マテル社はアメリカを代表する玩具メーカーです。カードゲームである「UNO」をはじめ、知育玩具ブランドの「フィッシャープライス」、世界一有名なファッションドール「バービー」などを持つ強力な会社です。マテル社では玩具を通して子どもたちに「Inclusivity」（全ての人に社会に参画する機会はある）というメッセージを発信しています。例えば、UNO Brailleは目の不自由な方と一緒にゲームを楽しむ機会を作り出しています。また、肌の色、髪の色、目の色、体型などそれぞれ異なる個性を持ったバービードールを展開することで美の多様性や個性を認めることの大切さを表現しています。

バリアフリー社会を目指すアメリカからは学ぶものが多いと思います。筆者がアメリカの大学院に留学している頃は同じ教室で聴覚障がいを持つ方と一緒に学んでいました。彼女には手話通訳者が同行していて、講義中も積極的に発言をされ、他の参加者に引けを取らないほどの存在感がありました。

STEP 6 以下の矢印やハイライトを参考にスクリプトを音読し、単語や音のリズムを身につけましょう。発音できる音は聞き取れるようになります。

---

① ★**Mattel** / announced that / fans / can now buy / UNO ②**Braille**. ↓
The company / worked with / the National ③**Federation** / of the Blind ↑
to make / the game / more ④**inclusive** for the 7 million ↑
blind and ↑
low-vision people / in the US. ↓

発 音 (単 語)

① **Mattel** [məˈtel] (muh ˈ**tel**)
Mattelは固有名詞なので発音がわからなくても落ち込む必要はありません。固有名詞はその都度気になるようであればネット上で調べて覚えていきましょう。マテル社はハロルド・マトソン（Harold Matson）とエリオット・ハンドラー（Elliot Handler）らによって設立。その際、Matsonのニックネーム"Matt"と Handlerのファーストネーム"El"liotを組み合わせてMattelと命名されたと言われています。発音は後半のtel(テル)の部分を強調します。

② **Braille** [bˈreɪl] (b**reil**)
スペルと音が少し違うので発音が難しいですね。STEP 4 でも触れたようにフランス人の人名からきているので発音がしにくくて当然です。

③ **Federation** [ˌfedəˈreɪʃn] (fe ˌdur ˈ**ei** ˌshn)
deをきちんと発音しようとすると言いにくいのでdeをやわらかく（「レ」を言うくらいの音で）発音すると舌を滑らかに動かして発音できます。

④ **inclusive** [ɪnˈkluːsɪv] (in ˈ**kloo** ˌsiv)
アクセントの位置は第2音節で cluのuの母音をしっかりとのばすことを気をつけましょう。

イ ン ト ネ ー シ ョ ン

★ 発音するときはthatをあまり意識しないように！文のひとつの区切れ目として読む上で重要な役割を果たすthatですが実際の英語では文法的な役割を果たしているに過ぎないので、thatという単語自体に意味はありません。thatを跳び箱でいうところの踏み台にしてfansを強調して勢いよく言うと文全体の抑揚を出せます。thatで意味の句切れ目がくるので、ここで文章を区切る日本人が多いですが、fansが山の頂点になるようにイントネーションをあげていきfansを境にイントネーションを下げていくといいですね。

Junk Food

DL-22

音声を聞きながら、STEP 1 から STEP 6 の順に進めてみましょう。音声はスロースピード 10回→ネイティブのナチュラルスピード3回の順に収録されています。

STEP 1 音声を聞いて聞き取れたキーワードを書いてみましょう。キーワードから連想して本文の内容を想像してみましょう。

_____

_____

_____

STEP 2 最大10回まで音声を繰り返し再生し、聞こえた英文の英単語をできるだけ多く書き取ってみましょう。カタカナではなく全てアルファベットで！なぐり書きで構いません。

目安：TOEIC500点台レベル ▶ 10回まで、TOEIC600点台レベル ▶ 7回まで、
TOEIC700点台レベル ▶ 5回まで、TOEIC800点台レベル ▶ 3回まで

_____

_____

_____

STEP 3 書き取った英文を清書し、文法的に意味が通じるか確認しながら英文を見直してみてください。以下に見直しの際のポイントをあげているので、参考にしてみましょう。

_____

_____

_____

- ☐ 音が弱い機能語を文法的に判断できましたか
- ☐ よく使われる表現・イディオムを書き取れましたか
- ☐ 日本語でも似た意味の単語がわかりましたか
- ☐ 数字は聞き取れましたか
- ☐ 小さい「っ」のように変わるtの音を書き取れましたか

スクリプト&解説

More than **P1**250 **P2**million adolescents **G1**will be classed as **V1**obese by 2030. Children in developing countries in Africa, Asia, and **P3**Latin America are particularly at risk, **G2**as a result of fast-changing lifestyles and the growing popularity and **V2**aggressive marketing of junk food.

文法 Grammar

G1 ▶ willは機能語なので、「ウォ」程度の音が聞こえるか聞こえないかでしょう。ある程度、文を書き取ったあとに文全体を見直すと1文目の最後にby 2030とあるので未来の話ということが推測できます。また、be classedで推測できる人もいるかもしれません。

G2 ▶ as a result of ～「～の結果として」。as aやofは音としては聞こえないでしょうが、この表現を知っていれば簡単に書き取れるようになります。2文目は文が長いので、as a result of 以降の構造を確認しておきましょう。fast-changing lifestylesと、growing popularity (of junk food) and aggressive marketing of junk foodの2つの要素が並列で並んでいます。

語彙 Vocabulary

V1 ▶ obeseは「肥満」という意味です。fatはあまりオフィシャルの場で使いません。

V2 ▶ aggressiveはカタカナのアグレッシブと同様の意味で「侵略的な、攻撃的な、攻勢の、攻撃用の、積極的な、意欲的な、活動的な、押しの強い」という意味です。

発音 Pronunciation

P1 P2 ▶ 250はtwo hundred fiftyと読みます。時々two hundred and fiftyと読んでしまう人がいますがandを入れて読むと「数字に弱い人」と思われるのでtwo hundred fiftyと読みましょう。millionはカタカナ英語の「ミリヨン」より「ミーヨン」のような発音になるので聞き取れない人もいます。

P3 ▶ Latinのtの音は日本語で言うと小さい「っ」の音になりますので(latn)で「ラッン」のように聞こえます。ラテンではないので注意。

STEP 5 STEP 4 のスクリプトから和訳を書いて、意味を確認しましょう。ここでは訳すことで意味がしっかりと理解できているかを確認します。

_____

_____

_____

_____

和訳 　2030年までに、2億5千万人以上もの子どもが肥満と認定されるでしょう。積極的なマーケティングによるジャンクフード人気に加え、急激なライフスタイルの変化によって、とりわけアフリカ、アジア、ラテンアメリカの発展途上国の子どもたちが、その危険にさらされています。

ボキャブラリー

- □ **adolescent** (n)：若者、青年
- □ **class** (v)：分類する
- □ **obese** (adj)：肥満の、太り過ぎの

テーマのコラム

所得と食事の関係性

家庭の所得と食事の質には明らかな相関関係があり、過去10年でアメリカにおける低所得層の食事の質が悪化した一方で、富裕層の食事は改善しているという新たな研究報告が発表されました。

食事に関してオーガニック、ベジタリアン、糖質制限、ビーガンなど新しい健康理論が提唱され、価格も高騰していく一方で、低所得層はこの流れから完全に取り残されてしまっています。加工食品は安価で複雑な調理を要さないため低所得者層でも手に取りやすいという特徴があります。

発音ポイント

STEP 6 以下の矢印やハイライトを参考にスクリプトを音読し、単語や音のリズムを身につけましょう。発音できる音は聞き取れるようになります。

More than 250 ★1**million** / ①**adolescents** / will be classed / as obese / by ②**2030**. ↓

Children in developing countries / in ★2**Africa, Asia, and Latin America** /

are particularly at risk, ↓

as a result of / ★3**fast-changing lifestyles** ↑

and the growing popularity ↑

and aggressive marketing / of junk food. ↓

発音（単語）

① **adolescents** [ˌædəˈles(ə)nt] (a ·duh ·**leh** ·snt)
スペルから発音が連想しにくいですね。第2音節のdoの母音はあいまい母音なので弱く発音し、アクセントの位置がleに置かれることに気をつけると発音しやすいですよ。

② **2030** [ˈtwenti ˈθɜːrti] (**twen** ·tee **thur** ·tee)
4桁数字の読み方です。two thousand thirty（2000と30と読む読み方）も決して間違いではありませんが、twenty thirty（20と30と読む）のほうがこなれた感じが出せます。

発音（連結）

★1 **million adolescents**
millionのnとadolescentsのaを繋げて発音します。million「ミーヨン」の後半部分、「ヨン」は喉の奥で飲み込むように言いましょう。

イントネーション

★2 **Africa, Asia, and Latin America**
andで3つ以上の単語が並列するときは、andまでをあげて読み、andのあとを下げて読みます。ここで言うと、Africa, ↑ Asia, ↑ and Latin America ↓ というイントネーションになります。

複合名詞・形容詞

★3 fast-changingは複合形容詞でこの形容詞がlifestylesを修飾しているのでfast-changingを一息で読みましょう。fast-changingを少し高めに、lifestylesを下げてイントネーションをつけて読みましょう。
Latin America, fast-changing lifestyles, junk food

 **Diwali**

 DL-23

> 音声を聞きながら、STEP 1 から STEP 6 の順に進めてみましょう。音声はスロースピード 10回→ネイティブのナチュラルスピード3回の順に収録されています。

STEP 1 音声を聞いて聞き取れたキーワードを書いてみましょう。キーワードから連想して本文の内容を想像してみましょう。

_____

_____

_____

_____

STEP 2 最大10回まで音声を繰り返し再生し、聞こえた英文の英単語をできるだけ多く書き取ってみましょう。カタカナではなく全てアルファベットで!なぐり書きで構いません。

> 目安:TOEIC500点台レベル▶10回まで、TOEIC600点台レベル▶7回まで、
> TOEIC700点台レベル▶5回まで、TOEIC800点台レベル▶3回まで

_____

_____

_____

_____

STEP 3 書き取った英文を清書し、文法的に意味が通じるか確認しながら英文を見直してみてください。以下に見直しの際のポイントをあげているので、参考にしてみましょう。

_____

_____

_____

_____

☐ 前置詞の用法を理解して書き取れましたか
☐ 音が弱い機能語を文法的に判断できましたか
☐ よく使われる表現・イディオムを書き取れましたか
☐ 複合名詞・形容詞に気づきましたか
☐ Dark Lの音を聞き取れましたか
☐ 連結によって文中で弱くなる音は書き取れましたか

STEP 4 **答え合わせをし、正しく書き取れなかった部分を確認し、その原因を分析しましょう。**

スクリプト＆解説

Diwali is celebrated **G1**in India and **P1**Nepal to mark the **P2**end of the Hindu calendar. People light lamps and **V1**pray for good health, peace, and wisdom. They clean their homes and decorate their **V2**doorways **G2**with pictures made **G3**with painted rice.

▍文法 Grammar

G1 ▶ inも音だけ忠実に聞き取ろうとすると聞き取れませんが、国の前にくる前置詞はin だとわかっていると「なにか言っている」ものがinだと書き取れます。「in＋国名」をセット で覚えておきましょう。

G2 G3 ▶ 機能語withはwith picturesやwith painted riceのようにうしろに子音が続く とthの音が脱落して「ウィ」しか発音されません。このように弱く読む機能語の単語では 音をあきらめることを知っておくと安心してリスニングに挑めます。

▍語彙 Vocabulary

V1 ▶ forが弱く短いので聞き取りにくいですがpray for〜「〜に祈る」を知っておくと書き 取れます。

V2 ▶ 語彙力が必要になりますが、聞き取れても2語にしないように。door＋wayで1語の 「戸口、玄関口」の意味の名詞です。

▍発音 Pronunciation

P1 ▶ Nepalの単語の最後のlはDark Lなので「ネパー」のような発音になります。カタカ ナのようにネパールとは聞こえません。

P2 ▶ end of the はすべて機能語の連続で連結されるので聞き取りが難しかった人も 多いと思います。文章の中では「エンダダ」という発音に聞こえます。end ofは連結され ofのfは脱落してtheにつながるのでendat(h)a「エンダダ」のように聞こえるのです。

STEP 4 のスクリプトから和訳を書いて、意味を確認しましょう。ここでは訳すことで意味がしっかりと理解できているかを確認します。

_____

_____

_____

_____

| 和訳 | Diwaliはインドやネパールのお祝いで、ヒンドゥー暦の年の瀬に当たります。人々はランプを灯し、健康や平和、知恵が授かるよう祈ります。家を掃除した後は、色のついたお米で描かれた絵で、玄関先を飾り付けます。

■ ボキャブラリー

□ **decorate... with～** (v)：～で…を装飾する
□ **doorway** (n)：戸口、玄関口、出入り口

テーマのコラム

「ディワリ」とは？
筆者には中学生以来のインド人の親友Nirvanaがいます。今でもお互いの誕生日や節目にはお互いメッセージを送り合います。Nirvanaにとって、その節目とはディワリで、筆者に毎年「Happy Diwali!」と送ってくれます。彼女のおかげで、筆者はこのお祝いを知りました。

ディワリは「光のフェスティバル」とも呼ばれ、家の大掃除をし、光を灯します。街は電飾に溢れ、爆竹が鳴り響き、夜通し花火が打ち上がります。

英語を話すようになると外国人との交流が可能になり、世界の情報を身近な人から入手できるようになるという利点があります。ニュースからの情報源とはまた一味違って自分が世界の住人の1人であるという感覚を得ることができると筆者は感じます。

発音ポイント

STEP 6 　以下の矢印やハイライトを参考にスクリプトを音読し、単語や音のリズムを身につけましょう。発音できる音は聞き取れるようになります。

Diwali / is celebrated / in India / and Nepal ↑
to mark / the ★1**end of the** / Hindu calendar. ↓
People / light lamps / and pray for ↑
★2**good health**, / **peace**, / and **wisdom**. ↓
They clean / their homes / and ①**decorate** / their doorways ↑
with pictures / made with / painted rice. ↓

発音（単語）

① **decorate** [ˈdekəreɪt] (**deh**‧kr‧eit)
アクセントの位置に注意しましょう。日本語のデコレーションというカタカナに引っ張られてしまわないためにもアクセントが大事です。

発音（連結）

★1 **end of the**
STEP 4 の聞き取りでも難しかった部分ですが、発音することも難しいです。end of the の発音はofのfが脱落し、end ofが繋がってendaになり、そのあとにtheがさらに繋がって「エンダダ」のように発音します。

イントネーション

★2 **good health, peace, and wisdom**
andで3つ以上の単語を並列するA, B, and Cのパターンです。
Good health, ↑peace, ↑and wisdom↓とandの前までを上げてandのあとを下げて読みます。
また、1文目はNepalが文章の真ん中にくる単語です。Nepalまでイントネーションを上げ、Nepal以降イントネーションを下げていきましょう。2文目、3文目もスクリプトどおり、文の途中であることを伝えるために文章の真ん中で同じようにイントネーションを上げましょう。

複合名詞

Hindu calendarは複合名詞なので2語で1語のつもりで一息で発音するといいですね。
Hindu calendar, doorways

24 Overtourism

DL-24

音声を聞きながら、STEP 1 から STEP 6 の順に進めてみましょう。音声はスロースピード 10回→ネイティブのナチュラルスピード3回の順に収録されています。

STEP 1 音声を聞いて聞き取れたキーワードを書いてみましょう。キーワードから連想して本文の内容を想像してみましょう。

_____

_____

_____

_____

STEP 2 最大10回まで音声を繰り返し再生し、聞こえた英文の英単語をできるだけ多く書き取ってみましょう。カタカナではなく全てアルファベットで！なぐり書きで構いません。

> 目安：TOEIC500点台レベル ▶ 10回まで、TOEIC600点台レベル ▶ 7回まで、
> TOEIC700点台レベル ▶ 5回まで、TOEIC800点台レベル ▶ 3回まで

_____

_____

_____

_____

STEP 3 書き取った英文を清書し、文法的に意味が通じるか確認しながら英文を見直してみてください。以下に見直しの際のポイントをあげているので、参考にしてみましょう。

_____

_____

_____

_____

- ☐ 音が弱い機能語を文法的に判断できましたか
- ☐ 複数形のSは書き取れましたか
- ☐ 三単現のSは書き取れましたか
- ☐ 接頭辞+単語の組み合わせの単語がわかりましたか
- ☐ 語源で意味を推測できましたか
- ☐ カタカナ発音と違う音は書き取れましたか
- ☐ Dark Lの音を聞き取れましたか

STEP 4　答え合わせをし、正しく書き取れなかった部分を確認し、その原因を分析しましょう。

スクリプト&解説

P1Amsterdam is V1undergoing a radical change of attitude G1toward tourists. Like other G2destinations across Europe, Amsterdam G3faces V2overtourism. Many P2locals worry that soaring visitor numbers are destroying the soul of this V3vibrant cosmopolitan city.

文法 Grammar

G1▶ towardは機能語なので実際の文章の中での発音は「トゥー」のように短く発音されます。語末のdは脱落します。attitude to, attitude aboutも文法的に可能ですが、「観光客に対する態度」という市民から観光客に、という方向性をもっとも的確に表しているのが前置詞toward。

G2▶ destinationsの複数形のsが聞き取りにくいでしょう。前後の意味から推測すると「ヨーロッパのほかの各国同様」は国がいくつかあるので複数形だと推測できます。

G3▶ facesの三単現のsが聞き取りにくかったでしょう。アムステルダムが主語なのでsが音として聞こえなかったとしても書き取りの際には見直してsを入れるようにしましょう。

語彙 Vocabulary

V1▶ 接頭辞under＋goでundergo「経験する、耐える」という1語の動詞です。知らないと「underという前置詞のあとにgo?ということはgoing?」など迷ってしまう人もいます。

V2▶ V1同様、接頭辞over＋tourismでovertourismという単語であるということを知っておくとoverが前置詞だと思い込んで聞き進めることがなくなるでしょう。

V3▶ 語源はラテン語のvibrantem「前後に動く、振動する」です。vibrationも同じ語源の単語です。たくさん動くというイメージから、「活気に溢れる」というvibrantの意味が推測できます。vibrant city, vibrant economyといった名詞の組み合わせでよく使われます。

発音 Pronunciation

P1▶ アムステルダムというカタカナ読みの意識を捨てましょう。イチから新しい英単語として覚え直すつもりで発音とアクセントを覚えましょう（→STEP 6 ）。

P2▶ localの最後のlはDark Lなので「ロコー」のように聞こえます。「ローカル」とは聞こえません。ちなみに、ロコモコなどもこの単語からきています。

_____

_____

_____

_____

| 和訳 |　アムステルダムは、観光客への対応について、抜本的な見直しを考えています。ヨーロッパ各国同様、アムステルダムも観光客の過剰混雑という問題に直面しており、地元住民の多くは、増え続ける訪問者数が、この活気に満ちた国際都市の中核を破壊していく様を憂いています。

_____

ボキャブラリー

- **undergo** (v)：〜を経験する、〜をする
- **radical** (adj)：根本的な、抜本的な
- **soar** (v)：高まる、高揚する
- **vibrant** (adj)：活気に満ちた、スリルに溢れた

テーマのコラム

「オーバーツーリズム」とは

旅行の低価格化に伴い、世界を旅することができる人口が増えました。日本でも近年では修学旅行、社員旅行などで海外に行くことはごく一般的なことになっています。世界の人たちが簡単に行き来できるようになり、今までは書籍やネットでしか見ることのできなかった絶景や遺産を、より多くの人が楽しめるようになったことは素晴らしいのですが、一方で観光地はオーバーツーリズム（観光客過多）に頭を抱えています。

観光客が集まるヨーロッパのパリ、バルセロナ、ロンドン、それからアムステルダムなどでは物価の高騰、交通網への支障、観光客のマナーの悪さが地元住民の生活を脅かしているとも言われています。

STEP 6 　以下の矢印やハイライトを参考にスクリプトを音読し、単語や音のリズムを身につけましょう。発音できる音は聞き取れるようになります。

★ ①**Amsterdam** / is undergoing / a radical change ↑
of attitude / toward tourists. ↓
Like / other destinations / across Europe, ↑
Amsterdam / faces overtourism. ↓
Many locals / worry that / soaring / visitor numbers ↑
are destroying / the soul / of this ②**vibrant** / ③**cosmopolitan city**. ↓

発音 (単語)

① **Amsterdam** [ˈæmstɚdæm] (**am** ·str ·dam)
カタカナの「アムステルダム」から脱却しましょう。語頭の第1音節にアクセントを置きます。
Aは「え」の口で「あ」の音です。

② **vibrant** [ˈvaɪbrənt] (**vai** ·bruhnt)
アクセントは語頭に置きます。見慣れない単語だと思いますので、これを機に覚えておきましょう。viは下唇を軽く、上の前歯でかみながら/v/の音で「バイ」です。

③ **cosmopolitan** [ˌkɑːzməˈpɑːlɪt(ə)n] (kaaz ·muh ·**paa** ·luh ·tn)
cosmopolitan はカタカナのコスモポリタンと発音が違うので注意です。第1音節のsは「ス」ではなく「ズ」になります。またcosmopolitan cityは複合名詞で、それを修飾するvibrantが前にきています。vibrantで1度区切り、cosmopolitan cityを一気に発音しましょう。

イントネーション

★ 1文目Amsterdam is undergoing a radical change of attitude toward tourists. を例にとって見てみましょう。radical changeが文章の真ん中なのでradical changeが文章を読むときのイントネーションの山の頂点になるように徐々にあげていき、それ以降を境に下げるようにして読みましょう。

複合名詞

以下それぞれの複合名詞を修飾する、soaringとvibrantの前で一度区切って読むといいですね。
visitor numbers, cosmopolitan city

Esports

音声を聞きながら、STEP 1 から STEP 6 の順に進めてみましょう。音声はスロースピード10回→ネイティブのナチュラルスピード3回の順に収録されています。

STEP 1 音声を聞いて聞き取れたキーワードを書いてみましょう。キーワードから連想して本文の内容を想像してみましょう。

_____

_____

_____

_____

STEP 2 最大10回まで音声を繰り返し再生し、聞こえた英文の英単語をできるだけ多く書き取ってみましょう。カタカナではなく全てアルファベットで!なぐり書きで構いません。

目安:TOEIC500点台レベル▶10回まで、TOEIC600点台レベル▶7回まで、
TOEIC700点台レベル▶5回まで、TOEIC800点台レベル▶3回まで

_____

_____

_____

_____

STEP 3 書き取った英文を清書し、文法的に意味が通じるか確認しながら英文を見直してみてください。以下に見直しの際のポイントをあげているので、参考にしてみましょう。

_____

_____

_____

_____

□ よく使われる表現・イディオムを書き取れましたか

□ 同じ音で違うスペルの単語を適切に書き取れましたか

□ 略語に気づきましたか

□ 語源で意味を推測できましたか

□ 数字は聞き取れましたか

□ カタカナにした時に似た発音を聞き分けられましたか

STEP 4 **答え合わせをし、正しく書き取れなかった部分を確認し、その原因を分析しましょう。**

スクリプト＆解説

The global v1Esports market is v2expected to v3generate G1more than P1$1 billion in P22019. Now, some players are supporting G2their entire families from it, and students are considering it a P3career goal.

▌文法 Grammar

G1 ▶ more thanが聞こえると「そのあとに比較級がくる」、と構えてしまう人が多いのですが、ここでは10億ドルを修飾しています。more than＋名詞や形容詞で「〜より以上のもの、余りあるほど、非常に」のような意味になります。

G2 ▶ theirとthereは全く同じ発音なので前後の文脈から文法的にtheirを選びます。

▌語彙 Vocabulary

V1 ▶ EsportsはElectronic sportsの略。最近は日本でも浸透してきていると思いますが、コンピュータゲーム、ビデオゲームをスポーツ（競技）として捉える際の名称です。

V2 ▶ expected toのtoが聞き取りにくいと思います。be expect to doで「〜すると予想される」という使い方を知っていると意味を理解して書き取れます。

V3 ▶ この文章の前にあるexpected toでつまずくと、generateが聞き取りにくくなるでしょう。generateは「〜を生む、〜を起こす」という意味の動詞で、gen(e)が「命を与える、子孫をつくる」ことに関係した語源です。

▌発音 Pronunciation

P1 ▶ one billion dollarsと読みます。oneでもdollarsの複数形のsを忘れずに。billionで「10億」もあわせて再度覚えておきましょう。

P2 ▶ 読み方はtwo thousand nineteenとtwenty nineteenどちらでもOKです。後者のほうが、こなれた感じに聞こえます。

P3 ▶ career とcarrierの発音の差に注意です。careerはうしろにアクセントがきて、「カリーア」のように聞こえるはずです。日本語の職歴を表す「キャリア」は語頭にアクセントがあるcarrierに近い音です。

STEP 4 のスクリプトから和訳を書いて、意味を確認しましょう。ここでは訳すことで意味がしっかりと理解できているかを確認します。

_____

_____

_____

_____

_____

和訳 世界のeスポーツ市場は、2019年には10億ドルもの巨大マーケットを生み出すと予測されています。現在一部のプレーヤーは大黒柱となって家族を支えており、学生はそれ目指すべき最終目標としてとらえ始めています。

ボキャブラリー

- **be expected to〜** (v)：〜と予測される
- **generate** (v)：〔考え・利益など〕を生み出す、作り出す
- **entire** (adj)：全部の、全体の

テーマのコラム

ゲームはスポーツ

「ゲームで遊んでばかりはダメ!」と子どもを叱る親がいなくなるかもしれません。将来の夢はeスポーツ選手という子どもも今後増えていくのでしょう。10億ドルもの巨大なマーケットに成長すると予測されています。

選手たちはスポンサーのロゴ入りのスポーツウェアを着て、プレーします。日本でも昨年からゲーム業界とは関係性が薄い企業からのスポンサーも少しずつ増えています。

アメリカのスポーツ専用テレビチャンネルESPNではeスポーツのニュースも流れています。会場の映像、選手たちのプレーしているアップの画像、それからプレー画面が交互に放映されます。

STEP 6 以下の矢印やハイライトを参考にスクリプトを音読し、単語や音のリズムを身につけましょう。発音できる音は聞き取れるようになります。

★1The ①**global** / Esports market / is expected ↑
to ②**generate** / more than / ③**$1 billion** / in 2019. ↓
Now, / some players / are supporting / their ④**entire families** / ★2**from it,** ↓
and students / are considering it / a career goal. ↓

発音（単語）

① **global** [ˈɡloʊb(ə)l] (**glow**·bl)
globalの最後のlはDark Lなので「グローボー」のように発音します。またカタカナでは「グローバル」と書きますがglo部分は「グロー」よりも「グロゥ」のほうが近いです。

② **generate** [ˈdʒenəreɪt] (**jeh**·nr·eit)
アクセントの位置に気をつけましょう。第1音節にアクセントを置くので第2音節のnerはネーと伸ばさず、nrのように「ン」と息を飲み込む程度に発音します。

③ **$1 billion** [wʌn bɪljən ˈdɑːlərz] (wuhn **bi**·lee·uhn **daa**·lrz)
1(one)なので単数形だと思いがちですが$1 billion dollars のsを忘れないように発音しましょう。

④ **entire** [ɪnˈtaɪə(r)] (uhn·**tai**·ur)
第1音節のenは「エン」よりも飲み込むように「ウン」と言うと文中で言いやすくなります。

発音（連結）

★2 **from it**
fromのmとitのiを繋げます。itのtは脱落するので「フロミッ」のように発音します。

イントネーション

★1 1文目の真ん中はis expected。ここが山の頂点になるようにイントネーションを上げていき、ここを境にイントネーションを下げていくように文全体の抑揚を作りましょう。

複合名詞

Esports market, career goal

音声を聞きながら、STEP 1 から STEP 6 の順に進めてみましょう。音声はスロースピード 10回→ネイティブのナチュラルスピード3回の順に収録されています。

STEP 1 音声を聞いて聞き取れたキーワードを書いてみましょう。キーワードから連想して本文の内容を想像してみましょう。

_____

_____

_____

_____

STEP 2 最大10回まで音声を繰り返し再生し、聞こえた英文の英単語をできるだけ多く書き取ってみましょう。カタカナではなく全てアルファベットで!なぐり書きで構いません。

[目安:TOEIC500点台レベル▶10回まで、TOEIC600点台レベル▶7回まで、TOEIC700点台レベル▶5回まで、TOEIC800点台レベル▶3回まで]

_____

_____

_____

_____

STEP 3 書き取った英文を清書し、文法的に意味が通じるか確認しながら英文を見直してみてください。以下に見直しの際のポイントをあげているので、参考にしてみましょう。

_____

_____

_____

- ☐ よく使われる表現・イディオムを書き取れましたか
- ☐ 音が弱い機能語を文法的に判断できましたか
- ☐ 日本語でも似た意味の単語がわかりましたか
- ☐ 接頭辞+単語の組み合わせの単語がわかりましたか
- ☐ 数字は聞き取れましたか
- ☐ カタカナにした時に似た発音を聞き分けられましたか

スクリプト＆解説

More than **P1**70,000 people **G1**died from drug overdose, making it a **P2** leading cause of injury-related death in the United States. The **V1**odds of dying from an opioid **V2**overdose are now **G2**greater than those **G3**dying in a car accident.

▌文法 Grammar

G1 ▶ die from〜「〜（が原因）で死ぬ」を知っているとfromが書き取れます。この場合die,diedどちらも文法的にあてはまりますね。どちらを書き取っても正解です。die, diedを特定するにはこのスクリプトの前後の文脈によります。

G2 ▶ greater than〜「〜より大きい」。反対はless than「〜より少ない」。似た表現でmore than「〜より多い」、smaller than「〜より小さい」も覚えておきましょう。thanのあとなので名詞がきますが、ここではthe odds of の繰り返しを避けるためthoseで言い換えています。

G3 ▶ dyingのing形とそれに続くinの音が似ているので多くの方はdyingしか聞き取れなかったかもしれません。dying car accidentでは文法的に成り立たないのでおかしいと思ってください。「車の事故による死」の「〜による」にあたる前置詞inが必要だろうと推測します。dying inはdyingのgとinが連結するので「ダイギン」と聞こえます。

▌語彙 Vocabulary

V1 ▶ oddsは複数形ではなく「オッズ」で1語。「見込み、可能性、確率、勝算」などの意味があり、日本語でもギャンブルなどで時々耳にしますね。

V2 ▶ 接頭辞over＋doseで1語です。日本語でも浸透し始めているので聞き取れた人も多いかもしれません。その前の聞きなれない単語、opioidが聞き取れなくてもoverdoseが聞き取れればopioidやその他の聞き取りにくい箇所も意味が推測できますね。

▌発音 Pronunciation

P1 ▶ 70,000は seventy thousandと読みます。カンマ1つのところで(1,000)thousandと覚えておきます。

P2 ▶ ここではleadingでreadingではありません。LとRの発音を区別して発音できるようになるとこの差が聞き取れるようになります。

STEP 5 　STEP 4 のスクリプトから和訳を書いて、意味を確認しましょう。ここでは訳すことで意味がしっかりと理解できているかを確認します。

_____

_____

_____

_____

| 和訳 | 7万人以上もの人が薬物の過剰摂取で命を落としており、それは、アメリカ国内の病気以外での死亡（事故などによる外傷での死）の主な原因となっています。オピオイドの過剰摂取によって死亡する確率は、今や自動車事故で死亡する確率よりも高くなっています。

ボキャブラリー

- □ **overdose** (n)： オーバードース、過量投与
- □ **odds** (n)： オッズ、可能性、確率
- □ **opioid** (n)： オピオイド
- □ **car accident** (n)： 交通事故

テーマのコラム

オーバードーズ

オーバードースというカタカナは日本でも少しずつ浸透してきていますが、薬物の過剰摂取のことを言います。麻薬や覚醒剤ではなく、薬局で買える薬でも過剰に摂取すると死に至る可能性があります。

ハリウッド映画やアメリカンドラマでよく目にするのが、オレンジ色のピルケース。洗面台の鏡の後ろの棚には薬がぎっしり収納されています。他人の家のバスルームをあさって、目当ての薬を探すシーンなんかもあります。映画の主人公だけが持っている特殊技能ではなく、アメリカ人はボトルのラベルや成分を見ただけで必要な成分を含んでいるかどうかを判断できるほどに、日本人よりも薬やサプリについて詳しいと思います。

そもそも医師の処方を全て鵜呑みにするということもなく、あくまで1人の専門家の意見として聞き入れるという姿勢です。セカンドオピニオンも当然です。

STEP 6 **以下の矢印やハイライトを参考にスクリプトを音読し、単語や音のリズムを身につけましょう。発音できる音は聞き取れるようになります。**

★More than / ①**70,000** people / died from / drug overdose, ↓
making it / a leading cause / of ②**injury-related death** / in the United States. ↓
The odds / of dying from / an ③**opioid overdose** ↑
are now / greater than / those dying in / a car ④**accident**. ↓

発音（単語）

① **70,000** [ˈsev(ə)nti ˈθaʊzənd] (**seh** ˌvuhn ˌtee **thaw** ˌznd)
70,000はseventy thousand（70×1000と考える）と読みます。

② **injury** [ˈɪndʒəri] (**in** ˌjr ˌee)
第1音節のinと第2音節のjury「ジュリー」を分けるイメージで前半にアクセントを置いて発音しましょう。

③ **opioid** [ˈəʊpiɔɪd] (**ow** ˌpee ˌoyd)
聞き慣れない単語なので最初は発音できなくて問題ありません。第1音節は「オー」とのばさず、「オゥ」と発音することに注意しましょう。

④ **accident** [ˈæksɪd(ə)nt] (**ak** ˌsuh ˌdnt)
カタカナのアクシデントは忘れましょう。第1音節にアクセントを置き、aは「え」の口で「あ」の音です。第2音節は「シ」ではなく「スィ」の音に近いです。

イントネーション

★1文目は、drug overdose, のあとが下がっていますが、2文目は、an opioid overdose のあとのイントネーションが上がっています。それは1文目の後にカンマがあるからです。カンマは文と文をつなぐために使うことが多いので、その用法の場合、カンマに向かってイントネーションは下がっていきます（A, B, and Cの羅列などの場合は別です）。

複合名詞・形容詞

この部分は2語ではなく1語と思って一息で言いましょう。
drug overdose, injury-related death, United States, opioid overdose, car accident

27 SDGs

DL-27

音声を聞きながら、STEP 1 から STEP 6 の順に進めてみましょう。音声はスロースピード 10回→ネイティブのナチュラルスピード3回の順に収録されています。

STEP 1 音声を聞いて聞き取れたキーワードを書いてみましょう。キーワードから連想して本文の内容を想像してみましょう。

STEP 2 最大10回まで音声を繰り返し再生し、聞こえた英文の英単語をできるだけ多く書き取ってみましょう。カタカナではなく全てアルファベットで！なぐり書きで構いません。

目安：TOEIC500点台レベル ▶ 10回まで、TOEIC600点台レベル ▶ 7回まで、TOEIC700点台レベル ▶ 5回まで、TOEIC800点台レベル ▶ 3回まで

STEP 3 書き取った英文を清書し、文法的に意味が通じるか確認しながら英文を見直してみてください。以下に見直しの際のポイントをあげているので、参考にしてみましょう。

- ☐ 音が弱い機能語を文法的に判断できましたか
- ☐ よく使われる表現・イディオムを書き取れましたか
- ☐ 品詞の用法を使い分けられていますか
- ☐ Dark Lの音を聞き取れましたか
- ☐ 脱落する音は書き取れましたか

答え合わせをし、正しく書き取れなかった部分を確認し、その原因を分析しましょう。

スクリプト＆解説

The Sustainable Development Goals are G1the blueprint to achieve a G2better and more sustainable future for P1all. They V1address the P2global challenges we V2face, G3including those V3related to poverty, inequality, P3climate, environmental degradation, prosperity, and peace and justice.

文法 Grammar

G1 ▶ aでもtheでも文法的には正解です。theだと「SDGsこそが青写真（唯一の提案）」でaは「SDGsは青写真（ある一つの提案）」とニュアンスの差が出ます。

G2 ▶ better and more sustainableで形容詞の比較級がandで結ばれているパターンに気づけるとsustainableのあとに名詞がきてbetterの前にaがくることも見えてきます。

G3 ▶「例えば」という表現は for example、such as、likeなどの表現はよく知られているかもしれません。including～「～を含めて」という表現もよく使われます。

語彙 Vocabulary

V1 ▶ addressは名詞として使われる場合は「住所」の意味、動詞として使われる場合は「（聴取に向かっての公式の）挨拶をする」「取り組む、対処する」などの意味があります。名詞の時はアクセントが前に、動詞として使われるときはうしろに置かれます。

V2 ▶ 名詞のfaceの意味は日本語でも浸透している「顔」ですが、動詞として使われる場合は「直面する」という意味になります。このように名詞としても動詞としても用法がある単語は意外とあるので辞書で意味を調べる時には必ず複数の意味を確認しましょう。

V3 ▶ related to～で「～に関連した、～に関して」という意味です。relatedのedとそのあとのtoが同化して聞き取りにくいですが、知っていると意味から推測してrelated toを書き取れます。

発音 Pronunciation

P1 P2 ▶ allはオールではなく「オー」と聞こえます。これは単語がLで終わっていてDark Lになるためです。globalもグローバルではなく「グローボー」と聞こえます。

P3 ▶ climateの末尾の/t/の音はほぼ聞こえません。またmateの部分を「メイト」のように誤って覚えている人がいるのですが「クライミッ」のように聞こえるはずです。

STEP 5　STEP 4 のスクリプトから和訳を書いて、意味を確認しましょう。ここでは訳すことで意味がしっかりと理解できているかを確認します。

_____

_____

_____

_____

和訳　持続可能な開発目標とは、すべての人々にとってより良い、より持続可能な未来を達成するための青写真です。それは貧困、不平等、気候変動、環境悪化、繁栄、平和と公正に関連する事柄が含まれており、私たちがまさに直面している世界的な課題への取り組みです。

ボキャブラリー

☐ **sustainable** (adj)：持続可能な
☐ **address** (v)：〔問題などを〕扱う、本気で取りかかる
☐ **poverty** (n)：貧困、貧乏
☐ **inequality** (n)：不平等
☐ **degradation** (n)：劣化
☐ **prosperity** (n)：繁栄、成功

テーマのコラム

SDGsランキング

2019年の世界のSDGs達成度ランキングで日本は162カ国中15位でした。前年と順位は変わらず、依然としてジェンダー平等や責任ある消費・生産、気候変動対策、パートナーシップに大きな課題があると指摘されました。細かい評価項目を見ると、女性国会議員の数の少なさ、男女の賃金格差、無償労働を行う時間の男女格差などが喫緊の課題と評されました。

1位から5位はデンマーク、スウェーデン、フィンランド、フランス、オーストリアの順でした。

発音ポイント

STEP 6 　以下の矢印やハイライトを参考にスクリプトを音読し、単語や音のリズムを身につけましょう。発音できる音は聞き取れるようになります。

The Sustainable Development Goals / are the blueprint ↑
to achieve / a ★1 **better** / and more **sustainable future** / for all. ↓
They ①**address** / the global challenges / we face, ↓
including those / related to ↑
②**poverty**, / ③**inequality**, / climate, / environmental ④**degradation**, /
prosperity, / and ★2 **peace and justice**. ↓

発音（単語）

① **address** [ˈædres]（名詞）/ [əˈædres]（動詞）
STEP 4 でも述べたように名詞か動詞かでアクセントが変わる単語です。名詞：**add**・ress「住所」、動詞：add・**ress**「（聴取に向かって）公式の挨拶の言葉・演説・講演をする」

② **poverty** [ˈpɑːvə(r)ti]（**paa**・vr・tee）
第1音節のoはShort Oなので、「あ」に近い音で発音しましょう。

③ **inequality** [ˌɪnɪˈkwɑːləti]（uhn・ee・**kwaa**・luh・tee）
第3音節quaは/kwa/という発音になります。またアクセントにも注意です。equalにつられてeにアクセントを置いてしまいがちですが第3音節にアクセントを置きます。

④ **degradation** [ˌdegrəˈdeɪʃ(ə)n]（deh・gruh・**dei**・shn）
第2音節のgra ではgとrの間に母音を挟まないように気をつけます。

イントネーション

★1 **better and more sustainable future**
意味を考えるとbetterとmore sustainableがfutureにかかる、並列している形容詞ということが伝わるようにbetter / and more sustainable futureと読むといいでしょう。

★2 **peace and justice**
「平和と公正」という1語だと思ってください。prosperity, andまでイントネーションを上げて、そのあとイントネーションを下げて一息でpeace and justiceを読みましょう。

複合名詞

blueprintは複合名詞なのでblueにアクセントを置きます。
The Sustainable Development Goals, blueprint

28 Royal Family

DL-28

音声を聞きながら、STEP 1 から STEP 6 の順に進めてみましょう。音声はスロースピード
10回→ネイティブのナチュラルスピード3回の順に収録されています。

STEP 1 音声を聞いて聞き取れたキーワードを書いてみましょう。キーワードから連想し
て本文の内容を想像してみましょう。

_____

_____

_____

STEP 2 最大10回まで音声を繰り返し再生し、聞こえた英文の英単語をできるだけ多く
書き取ってみましょう。カタカナではなく全てアルファベットで！なぐり書きで構いません。

> 目安：TOEIC500点台レベル ▶ 10回まで、TOEIC600点台レベル ▶ 7回まで、
> TOEIC700点台レベル ▶ 5回まで、TOEIC800点台レベル ▶ 3回まで

_____

_____

_____

STEP 3 書き取った英文を清書し、文法的に意味が通じるか確認しながら英文を見直し
てみてください。以下に見直しの際のポイントをあげているので、参考にしてみましょう。

_____

_____

_____

☐ 大文字・小文字の区別はできましたか
☐ 単語+接尾辞の組み合わせの単語がわかりましたか
☐ よく使われる表現・イディオムを書き取れましたか
☐ 脱落する音は書き取れましたか
☐ tの音がd/rになる音の変化に気づきましたか（Flap T）
☐ 数字は聞き取れましたか

138

スクリプト＆解説

Members of the British Royal Family P1support G1The G2Queen's P2duties in public and V1charitable service. Every year the Royal Family V2carries out over P32,000 official engagements V3throughout the UK and worldwide.

文法 Grammar

G1 G2 ▶ The Queenの場合はTheもQueenもそれぞれの頭文字が大文字になります。Queenが大文字になるのは尊敬を表しています。また、Queen'sの所有格のsも聞き漏れがちですが、そのあとにdutiesとserviceという名詞がきていることから「女王の公務や活動」に当たる「の」が必要だと考えます。

語彙 Vocabulary

V1 ▶ charitableの語源はcharity。「慈善心に富んだ、慈悲深い」という意味です。緩い意味でcharity +ableと理解してもいいかもしれませんね。

V2 ▶ outがcarryとoverに挟まれてとても弱くなるので聞き取りくいですが、これもcarry out〜「〜を成し遂げる、実行する」を知っていれば書き取りやすくなりますね。

V3 ▶ V2同様、これも聞き取りにくい前置詞のひとつですが、よく使う単語ですので覚えておきましょう。throughoutで1語です。「（場所を表して）至るところ、すっかり、隅から隅まで、（時間を表して）その間ずっと、終始」という意味です。

発音 Pronunciation

P1 ▶ supportの最後のtは、ほとんど聞き取れないと意識しておきましょう。「サポート」と覚えていると聞き取れないので、tがほぼ発音されない英語の発音を覚えておきましょう。

P2 ▶ dutiesの間のtはrやdになってduries/dudiesのような発音に聞こえます。母音に挟まれたtが弾かれて、dやrのような音に聞こえるFlap Tです。waterがwararに聞こえるのも同じ現象でしたね。

P3 ▶ 2,000はキリがいい数字なのでtwo thousandと読みます。

STEP 4 のスクリプトから和訳を書いて、意味を確認しましょう。ここでは訳すことで意味がしっかりと理解できているかを確認します。

_____

_____

_____

_____

和訳 イギリスのロイヤルファミリーは、エリザベス女王の公務や慈善活動をサポートしています。彼らは毎年、イギリス国内外の至る所で、2,000件を超える公式行事を執り行っています。

ボキャブラリー

□ **duty** (n)：義務、職務、務め
□ **charitable** (adj)：慈善心に富んだ、慈悲深い
□ **engagements** (n)：〔会合などの〕約束

テーマのコラム

アメリカ人にとってのロイヤルファミリー
日常の生活では階級社会や貴族的な風習、歴史を重んじることをあまり好まないアメリカ人もイギリスのロイヤルファミリーは注目の的。王族に使う敬称His/Her MajestyやHis/Her Royal Highnessなども映画でしか見たことがないのでどこか羨望の眼差しでロイヤルファミリーを追っています。

アメリカにはロイヤルファミリーがいないので大統領一家を似たような位置づけにしているように感じます。ダイアナ妃やケイト妃と同じように注目を浴びるのがファーストレディー（アメリカではまだ女性大統領は誕生していないので大統領夫人）。オバマ大統領夫人のミッシェル・オバマ人気は大変なもので、次期大統領になってほしい人ランキングの上位にも君臨しています。

STEP 6 **以下の矢印やハイライトを参考にスクリプトを音読し、単語や音のリズムを身につけましょう。発音できる音は聞き取れるようになります。**

Members of / the British Royal Family / support ↑
★1**The Queen's** ①**duties** / **in public** / **and** ②**charitable service**. ↓
★2**Every year** / the Royal Family / **carries out** / over 2,000 / official **engagements** ↑
throughout the UK / and **worldwide**. ↓

発音（単語）

① **duties** [ˈduːtiːz] (**du**ries/**du**dies)
STEP 4 でも触れましたがduties のtはFlap Tで弾くように、dやrに近い音になるように発音します。

② **charitable** [ˈtʃærɪtəb(ə)l] (**cheh**·ruh·tuh·bl)
chaにアクセントです。アクセント以降は口の力を緩めて、あまり開かずに一気に発音します。

発音（連結）

★2**Every year**
Everyの終わりのyとyearの始まりのyが同じ子音なのでyの発音を繋げて一度しか発音しません。Everyearのように発音します。同化（Assimilation）のルールですね。

イントネーション

★1**The Queen's duties in public and charitable service**
A（The Queen's duties in public）and B（charitable service）という2つをsupportしているという意味なので、in publicのあとで一度イントネーションを上げてcharitable serviceのあとで下げるように意識するとさらにわかりやすく伝えられます。

★2**Every year**
Every yearのところで一度イントネーションを下げることを意識して読むとさらに意味の句切れめが伝わりやすくなります。

29 Appearance

DL-29

音声を聞きながら、STEP 1 から STEP 6 の順に進めてみましょう。音声はスロースピード10回→ネイティブのナチュラルスピード3回の順に収録されています。

STEP 1 音声を聞いて聞き取れたキーワードを書いてみましょう。キーワードから連想して本文の内容を想像してみましょう。

_____

_____

_____

_____

STEP 2 最大10回まで音声を繰り返し再生し、聞こえた英文の英単語をできるだけ多く書き取ってみましょう。カタカナではなく全てアルファベットで！なぐり書きで構いません。

> 目安：TOEIC500点台レベル▶10回まで、TOEIC600点台レベル▶7回まで、
> TOEIC700点台レベル▶5回まで、TOEIC800点台レベル▶3回まで

_____

_____

_____

_____

STEP 3 書き取った英文を清書し、文法的に意味が通じるか確認しながら英文を見直してみてください。以下に見直しの際のポイントをあげているので、参考にしてみましょう。

_____

_____

_____

- ☐ 弱い音を文法的に判断できましたか
- ☐ よく使われる単語を書き取れましたか
- ☐ 単語+接尾辞の組み合わせの単語がわかりましたか
- ☐ カタカナにした時に似た発音を聞き分けられましたか
- ☐ カタカナ発音と違う音は書き取れましたか

STEP 4　**答え合わせをし、正しく書き取れなかった部分を確認し、その原因を分析しましょう。**

スクリプト＆解説

ᴘ1Physically attractive v1individuals have ɢ1higher income than ᴘ2average individuals, but the ᴘ3effects of intelligence on income were ɢ2stronger than the effects of v2attractiveness.

▌ 文法 Grammar

G1 G2 ▶ 比較級のhigherのer部分が聞き取りにくいと思います。その時は後ろのthanが聞き取れればhigher incomeが「比較級＋名詞」の形になっているとわかります。thanのあとはaverage individualsとあり、主語のPhysically attractive individualsと比較する形でindividualsが共通しているので比較級であることがわかると思います。

G2も比較級ですね。than the のところも聞き取りにくいでしょう。than theが聞き取りにくくてもbut以下の文節で主語になるthe effect ofが最初とthanのあとに出てきていることで比較級を想像できます。

▌ 語彙 Vocabulary

V1 ▶ individualは「個人」という意味で知っている方も多いかもしれませんが「〜な人」という意味で使うこともしばしばです。peopleというニュアンスで使われています。

V2 ▶ 形容詞＋nessで名詞化します。attractive＋nessで「魅力」ですね。

▌ 発音 Pronunciation

P1 ▶ カタカナで「フィジカル」という単語を知っている方は多いと思います。その副詞形です。スペルに気をつけましょう。Phyで「フィ」という発音になります。また語末のcallyは「クリー」に近い音に聞こえます。

P2 ▶ カタカナの「アベレージ」との違いに注意！　知っている単語のはずなのにカタカナ発音と英語発音が違うために聞き落としてしまう方が多くいます。アクセントは語頭にあります。

P3 ▶ effectとaffect、この 2 つの単語はスペルも発音も似ているのでネイティブでもよく聞き間違えます。まずaffectは動詞として使われることが多く、「〜に影響をおよぼす」「〜に作用する」という意味です。一方のeffectは名詞として使われることが多く、「効果」「結果」「影響」という意味です。

STEP 4 のスクリプトから和訳を書いて、意味を確認しましょう。ここでは訳すことで意味がしっかりと理解できているかを確認します。

_____

_____

_____

_____

| 和訳 | 外見で好印象を持たれる人ほど収入が高いとされていますが、収入に関してはその人の持つ魅力よりも、能力によるものの影響のほうが強いとわかりました。

ボキャブラリー

□ **physically** (adv)：肉体的に、身体上の
□ **attractive** (adj)：魅力的な

テーマのコラム

魅力的な外見とは？

この記事だけではPhysically attractive people（外見的に好印象を持たれる人）の具体的な定義が難しいですが、これは個人の特徴、業界、立場などにより異なるものだと思います。

日本人に生まれたら、まず生まれつき手に入らないものと言えばブロンドヘア。映画の中で見るキレイな女優さんがなびかせるブロンドヘアに憧れて、若い頃明るい色に染めてみたり、ブロンドに脱色してみたこともあるのではないでしょうか。

実はアメリカではみんながみんなブロンドヘアを手に入れたいと思っているわけではなく、アンチ・ブロンド派も多いのです。ブロンドヘアは知的に見えなかったり、チャラチャラしてそうと見られてしまうこともあるのです。とはいえ、髪の毛の色よりもアメリカで魅力的な外見といえば、やはり鍛えている体ではないでしょうか。しっかりと筋肉がついた腕や足が好まれる傾向にあり、ただただ細いより筋肉質の方が好まれるように感じます。

STEP 6　**以下の矢印やハイライトを参考にスクリプトを音読し、単語や音のリズムを身につけましょう。発音できる音は聞き取れるようになります。**

①**Physically** attractive individuals / have higher income / than ★¹**average individuals**, ↓

but the effects / of intelligence / on income ↑

were stronger / than the effects / of ②**attractiveness**. ↓

発音（単語）

① **Physically** [ˈfɪzɪkli] (**fi**‧zuh‧kuh‧lee)
語末の-callyは「カリー」より「クリー」に近い音で発音します。第3音節のcallyのca「カ」を意識しすぎないように。

② **attractiveness** [əˈtræktɪvnəs] (uh‧**trak**‧tuhv‧nuhs)
単語が長いと（音節が多いと）アクセントの位置が重要になるので注意して発音しましょう。第2音節にアクセントがくるので第1音節のaは口の筋肉をゆるめて、あいまい母音で発音します。

発音（連結）

★₁ **average individuals**
average individuals のgeとiが連結してaveragindividualsと繋げて読むようにします。逆にaverageとindividualsをそれぞれ忠実に発音しようとすると文のリズムや流れに乗れず言いにくくなるはずです。

イントネーション

この文は比較級が使われているのでその部分を意識して読むことでリズムのある英語を話し、意味をわかりやすく伝えられるようになるはずです。
Physically attractive individuals とaverage individualsの比較級、the effects ofの繰り返しは比較していることが伝わるように、さらに比較級になっている形容詞であるhigherやstrongerを強調することで比較のポイントを聞き手に伝えるようにしましょう。

Digital Detox

音声を聞きながら、STEP 1 から STEP 6 の順に進めてみましょう。音声はスロースピード 10回→ネイティブのナチュラルスピード3回の順に収録されています。

STEP 1 音声を聞いて聞き取れたキーワードを書いてみましょう。キーワードから連想して本文の内容を想像してみましょう。

_____

_____

_____

STEP 2 最大10回まで音声を繰り返し再生し、聞こえた英文の英単語をできるだけ多く書き取ってみましょう。カタカナではなく全てアルファベットで！なぐり書きで構いません。

目安：TOEIC500点台レベル ▶ 10回まで、TOEIC600点台レベル ▶ 7回まで、TOEIC700点台レベル ▶ 5回まで、TOEIC800点台レベル ▶ 3回まで

_____

_____

_____

STEP 3 書き取った英文を清書し、文法的に意味が通じるか確認しながら英文を見直してみてください。以下に見直しの際のポイントをあげているので、参考にしてみましょう。

_____

_____

_____

☐ 所有格のSは書き取れましたか

☐ 複数形のSは書き取れましたか

☐ 略語に気づきましたか

☐ 品詞の用法を使い分けられていますか

☐ tの音がd/rになる音の変化に気づきましたか（Flap T）

☐ カタカナにした時に似た発音を聞き分けられましたか

☐ 連結は書き取れましたか

答え合わせをし、正しく書き取れなかった部分を確認し、その原因を分析しましょう。

スクリプト＆解説

Too much V1tech can be bad for you. In the US, on average people are looking at their phones for over 4 hours a day. There are new G1businesses V2targeted at P1combating P2this issue, such as hotels that P3lock away their G2guests' G3phones.

▌文法 Grammar

G1 ▶ 基本単語ですが加算か不可算かで意味が変わるので再確認しておきしょう。不可算名詞の場合は「業務、商取引」といった意味。今回の文章の中にあるように、可算名詞（a を付けたり複数形にしたりできる）の場合、「事業、会社」の意味になります。語源はbusy（形：忙しい）＋ ness（状態を表す）です。

G2 ▶ guestの複数形に、さらに所有格の'sがついているのでアポストロフィーが単語の最後にきています（guests'sは見苦しいのでguests'となる、後ろのsは表記上省略）。聞き取りの場合、guestsなのかguest'sなのかguests'なのか一瞬迷うと思いますがひととおり書き取ったあとに前後の文脈で必ず確認しましょう。

G3 ▶ 複数形のsが聞き取りにくいですが**G2**が複数形だとわかれば「宿泊客」が複数だから「電話」も複数だとわかります。前にtheirがあるのでそこでも判断できますね。

▌語彙 Vocabulary

V1 ▶ techはtechnologyの省略形です。単語が短く、知っていても聞き逃しがちです。

V2 ▶ 動詞の用法としてのtargetを知っている人は少ないかもしれません。target at～「～を狙う、～を標的にする」を覚えておきましょう。

▌発音 Pronunciation

P1 ▶ combatingのtが母音に挟まれていて、音が弾かれてdやrに聞こえます（Flap T）。

P2 ▶ thisのthiは弱くなり、連結してsisuueと聞こえるかもしれません。くっついたものを因数分解するように聞こえた音を書き取ります。

P3 ▶ lockがそもそもrockに聞こえてしまっていたり、lockがカタカナのロック（施錠）だと思っていたりするとawayがより聞き取りにくくなります。lockは動詞として使われることも多く、ここではlock away～「～をしまっておく、保管しておく」の意味です。

STEP 5 STEP 4 のスクリプトから和訳を書いて、意味を確認しましょう。ここでは訳すことで意味がしっかりと理解できているかを確認します。

_____

_____

_____

_____

和訳 　情報過多は、あなたに悪影響を及ぼします。アメリカでは、平均的な人で1日4時間以上も携帯電話を触っています。デジタル端末をゲストから遠ざけるホテルが登場するなど、この問題の対策をメインとした新しいビジネスが始まっています。

ボキャブラリー

□ **target at〜** (v)：〜を目標に定める
□ **combat** (v)：〜と戦う

テーマのコラム

スマホ中毒

まだ比較的新しい単語ですが、スマートフォンを手放すことに恐怖を感じる、スマートフォン中毒症のことをNomophobiaと言います。レストランで食事をしているカップルでお互いには会話をせず、ずっとスマートフォンをいじっている光景を見かけたことはありますか。目の前の人との関係性よりもネット上のバーチャルな会話のほうが緊急性や重要性を増してしまうという人はどんどん増えていると思います。

筆者自身、ゴルフのラウンド中に何気なくiPhoneを触りたくなっている自分がいることに気づきます。iPhoneを2時間〜3時間見ないのは耐えられないという証拠です。タバコを吸う方と同じかもしれませんが、ミスショットをしたりパットを外すとその苛立ちを紛らわすためにiPhoneをいじっているような気がします。

STEP 6　**以下の矢印やハイライトを参考にスクリプトを音読し、単語や音のリズムを身につけましょう。発音できる音は聞き取れるようになります。**

Too much tech / can be bad / for you. ↓

★1In the US, / on average / people are / looking at ↑

their phones / for over 4 hours a day. ↓

★2**There are** / new businesses / targeted at / combating ★3**this issue**, ↓

★4**such as** / ①**hotels** that / lock away / their guests' phones. ↓

発音（単語）

① **hotels** [hoʊˈtel] (how ˈtel)

カタカナの「ホテル」とはアクセントも異なるので注意です。アクセントはカタカナで言うところの「テ」部分にあり、「ホ」部分は「ホゥ」のように口をとがらせて発音します。語頭のhがほぼ聞こえない程度にしか発音されないこともあるので注意しておきましょう。

発音（連結）

★2, 3, 4 はすべて連結が起きています。

★2　There areはrとaが繋がり、Thererのように、★3　this issueはsとiが繋がりさらにthisのthの音が弱くなっているのでsisuue のように、★4　such asはchとaが繋がりsachasのように発音します。

イントネーション

★1　2文目はlooking at が文の中心になります。ここが山の頂点になるようにイントネーションを上げていき、looking atを境にイントネーションを下げていきましょう。

★2　3文目は少し長いですが、息継ぎはthis issueの後でしましょう。hotels that（最後のtは脱落）の後からはスピードアップしていきます。

Sweden

音声を聞きながら、STEP 1 から STEP 6 の順に進めてみましょう。音声はスロースピード10回→ネイティブのナチュラルスピード3回の順に収録されています。

STEP 1 音声を聞いて聞き取れたキーワードを書いてみましょう。キーワードから連想して本文の内容を想像してみましょう。

___

___

___

___

STEP 2 最大10回まで音声を繰り返し再生し、聞こえた英文の英単語をできるだけ多く書き取ってみましょう。カタカナではなく全てアルファベットで！なぐり書きで構いません。

> 目安：TOEIC500点台レベル ▶ 10回まで、TOEIC600点台レベル ▶ 7回まで、
> TOEIC700点台レベル ▶ 5回まで、TOEIC800点台レベル ▶ 3回まで

___

___

___

___

STEP 3 書き取った英文を清書し、文法的に意味が通じるか確認しながら英文を見直してみてください。以下に見直しの際のポイントをあげているので、参考にしてみましょう。

___

___

___

___

- ☐ 大文字・小文字の区別はできましたか
- ☐ 複合名詞・形容詞に気づきましたか
- ☐ 品詞の用法を使い分けられていますか
- ☐ よく使われる表現・イディオムを書き取れましたか
- ☐ カタカナ発音と違う音は書き取れましたか
- ☐ Dark Lの音を聞き取れましたか
- ☐ 脱落する音は書き取れましたか

STEP 4 **答え合わせをし、正しく書き取れなかった部分を確認し、その原因を分析しましょう。**

スクリプト＆解説

The G1King of P1Sweden has reduced the number of family members who will continue to receive V1taxpayer funds, V2stripping five of his grandchildren of their G2Royal Highness status. The children will keep their P2titles, but P3won't be V3expected to perform royal duties.

文法 Grammar

G1 ▶ King of SwedenはKもSも大文字です。徐々に大文字・小文字もきちんと区別して書き取れるようになっていくといいですね。

G2 ▶ Royal HighnessはRもHも大文字です。これは敬意を示すためです。

語彙 Vocabulary

V1 ▶ taxpayer fundsは「納税者からの資金」という意味の複合名詞。taxpayer「納税者」、fund「資金」ですね。それぞれの意味を知らないと複合名詞であることに気づかないかもしれません。

V2 ▶ strip「むく、剥ぎ取る」という意味の動詞でストリップショーのstripはここからきています。動詞の用法があることと意味を知らないと、ここで分詞構文として使われていることに気づきにくいので書き取れないでしょう。

V3 ▶ be expected to do〜「〜するはず、〜すると思われている」という意味で、万能なイディオムのひとつなので覚えておきましょう。

発音 Pronunciation

P1 ▶ 地名の発音はカタカナと英語で異なることが多いので出会う度に新たに覚えていくようにしましょう。発音は['swiːd(ə)n]。「スウェー」ではなく「スウィー」の音になります。

P2 ▶ カタカナの「タイトル」とは異なり、「タイトー」(**tai**‧tl)という発音になります。語末のlはDark Lです。

P3 ▶ will notの短縮形won'tは「ウォン」のようになり、語末のtは脱落して聞こえません。

| 和訳 | スウェーデン国王は、税金を財源とする王室の手当てを受け取り続けるであろう家族の人数を減らすべく、5人の孫を王室から除名することにしました。王室の称号は保持するものの、公務を執り行うことは期待されなくなります。

ボキャブラリー

- **taxpayer** (n)：納税者
- **strip... of〜** (v)：…から〜を奪い取る
- **perform** (v)：する、行う、果たす

テーマのコラム

スウェーデン王室

スウェーデンの国王が、5人の孫を正式な王室から除名すると決めたニュースです。王位継承順位の高い孫2人はそのまま残りますが、他5人の孫には殿下の称号が与えられません。一方で、王室の家族に義務付けられている公務をする必要もなくなります。

スウェーデンの歴史家ディック・ハリソン氏によると、同国の王室は過去100年で最も人数が多くなっていて、王室を抜けることで、5人は「ふつうの生活を送る」ことが可能になると言います。スウェーデンでは、「王室の人数が多く公務に費用がかかり過ぎ」との見方が広がっており、それを受けた措置とみられます。

STEP 6 **以下の矢印やハイライトを参考にスクリプトを音読し、単語や音のリズムを身につけましょう。発音できる音は聞き取れるようになります。**

The King / of Sweden / has ★**reduced** / the number of / family members ↑
who will continue / to receive / taxpayer funds, ↓
stripping / five of / his grandchildren / of their / Royal Highness ①**status**. ↓
The children / will keep / their titles, ↑
but won't / be expected / to ②**perform** / royal duties. ↓

発音 (単語)

① **status** [ˈsteɪtəs] (**stei** ·tuhs)
スタータス(**sta** ·tuhs)、ステイタス(**stei** ·tuhs)どちらの発音もOKです。dataが「データ」と「ダータ」のいずれの発音も使われているのと同じことです。

② **perform** [pə(r)ˈfɔː(r)m] (pr ·**form**)
アクセントの位置はformにくるのでしっかりor部分を発音しましょう。R-controlled vowelですね。喉の奥で「を」と発音し、そのまま舌を巻き込んでrを発音するようにします。「を」とrは同じ程度の間隔で伸ばすように意識します。語頭のperは「パー」と伸ばさず prと、母音が入らないようにpとrの音だけを出すようにします。

発音 (連結)

★ **reduced the**
reduced the が繋がり、reduced のdは脱落します。reducetheのようになりますが、theもほぼ音として聞こえないでしょう。

複合名詞

以下の複合名詞を一気に発音するように気をつけましょう。
family members, taxpayer funds, Royal Highness status

32 Fashion

DL-32

音声を聞きながら、STEP 1 から STEP 6 の順に進めてみましょう。音声はスロースピード 10回→ネイティブのナチュラルスピード3回の順に収録されています。

STEP 1 音声を聞いて聞き取れたキーワードを書いてみましょう。キーワードから連想して本文の内容を想像してみましょう。

STEP 2 最大10回まで音声を繰り返し再生し、聞こえた英文の英単語をできるだけ多く書き取ってみましょう。カタカナではなく全てアルファベットで！なぐり書きで構いません。

> 目安：TOEIC500点台レベル ▶ 10回まで、TOEIC600点台レベル ▶ 7回まで、
> TOEIC700点台レベル ▶ 5回まで、TOEIC800点台レベル ▶ 3回まで

STEP 3 書き取った英文を清書し、文法的に意味が通じるか確認しながら英文を見直してみてください。以下に見直しの際のポイントをあげているので、参考にしてみましょう。

□ 言い換え表現を理解できましたか
□ イタリック体に気づきましたか
□ 複数形のSは書き取れましたか
□ 専門用語など聞きなれない単語を聞き取れましたか
□ よく使われる表現・イディオムを書き取れましたか
□ 挿入語（句）に気づき、文の構造を理解できましたか
□ カタカナ発音と違う音は書き取れましたか

STEP 4 **答え合わせをし、正しく書き取れなかった部分を確認し、その原因を分析しましょう。**

スクリプト&解説

In a poor city in a poor country on a poor **V1**continent, there is a group of people with a singular purpose**G1**: to look good. They are called **G2**_sapeurs_. When they **V2**go out, they **V3**turn the **G3**streets of **P1**Brazzaville, the capital of **P2**Congo, into a fashion runway.

文法 Grammar

G1 ▶ with a singular purposeの後にポーズがあること、そのあとのto look goodが前の文章と文法的に繋がらないことに気づくとコロンが入っていると考えられます。コロンの役割はイコールだと思ってください。

G2 ▶ 字体までは聞き取り中に書き取れなくても良いですが、イタリック体は（英語にとって）外国語ということを示します。書き取りをひととおり終えたあとに気づいてイタリック体にできるといいですね。

G3 ▶ ブラザビルというコンゴの首都の「通り」なので複数形だと意味から判断して、sが聞き取れなくてもstreetsの複数形のsを入れるようにしましょう。

語彙 Vocabulary

V1 ▶ continent「大陸」はそこまで馴染みのある単語ではないかもしれません。語頭のcoにアクセントがあり、「カ」に近い音に聞こえます。

V2 ▶ go out「外出する、繰り出す」という意味です。goのoとoutがくっついて、「ゴアゥ」程度にしか聞こえないでしょう。

V3 ▶ turn A into Bで「AをBに変える」という意味です。上記の文章をシンプルにするとturn Brazzaville into a fashion runway、つまり「ブラザビルをファッションショーのランウェイに変える」ということです。, the capital of Congo,はBrazzavilleを説明する語が挿入されていることがわかります。

発音 Pronunciation

P1 **P2** ▶ BrazzavilleもCongoも固有名詞なので初めは聞き取れなくても問題ありません。Congoに関して言えば、カタカナの「コンゴ」とはoの母音の音が違い、Short Oなので「カンゴ」に近い音に聞こえるはずです。

_____

_____

_____

_____

和訳　貧しい大陸にある貧しい国のとある貧しい街に、美しい装いに身を包んだ唯一無二のグループがいます。彼らは「サプール」と呼ばれています。彼らがひとたび外に出れば、コンゴの首都ブラザビルの通りは、ファッションショーのランウェイへと姿を変えます。

_____

ボキャブラリー

- □ **continent** (n)：大陸
- □ **singular** (adj)：たったひとつの
- □ **Brazzaville** (n)：ブラザビル（コンゴの首都）

テーマのコラム

「サプール」とは？

「サプール」とは、仏語のSociété、ambianceurs、personnes 、élégantesの頭文字をつなげた造語。1950年代から60年代のパリに流行った紳士の装いで街中を闊歩するスタイルのことを指します。この文化はコンゴで90年以上も続く独自の文化です。

コンゴは、今でも内戦が続いていて、世界最貧国のひとつと言われています。しかし、世界一お洒落なジェントルマンたちは、1ヶ月の収入をはるかに上回る高級なスーツを身にまといます。サプールの存在が街を明るく元気にしてくれます。それらのファッションは「服が汚れるから戦わない」という平和的なメッセージ性もあるそうです。

STEP 6　以下の矢印やハイライトを参考にスクリプトを音読し、単語や音のリズムを身
につけましょう。発音できる音は聞き取れるようになります。

★1In a **poor city** / in a **poor country** / on a **poor continent**, ↓
there is / a group / of people / with a ①**singular** purpose ★2: / **to look good**. ↓
They are / called *sapeurs*. ↓
When they go out, / they turn / the streets / of Brazzaville, ↓
the ②**capital** / of Congo, / into a fashion runway. ↓

発音（単語）

① **singular** [ˈsɪŋɡjʊlə(r)] (**sing**·gyuh·lr)
カタカナの「シンギュラー」にならないようにsiの発音に気をつけましょう。日本語の「し」
はshiという音に近く、siとは異なります。siは上の歯と下の歯の間に狭い隙間を作り、そ
の隙間から勢いよく息を吐き出す音です。その際、左右に口を広げながら、口角を上げ
ることを意識しましょう。siのようにsの後に「い」の母音が続くと日本人は「し」shiの音に
なりがちです。他の母音が続くsa, su, se, soの音の場合は日本語の音に近い音で発音
しても問題ありません。

② **capital** [ˈkæpɪt(ə)l] (**ka**·puh·tl)
カタカナで「キャピタル」とありますが、語末のlがDark Lなので「キャピトー」に近い音で
発音します。

イントネーション

★1 **In a poor city in a poor country on a poor continent**
文の出だしのIn a poor city in a poor country on a poor continent, 部分は韻を踏ん
でいますのでそれを意識しながらリズムを作って文を読むといいですね。

★2 **:to look good**
コロンがある場合は、STEP 4 でも触れているようにしばらく間をあけて、それ以降の文章
で同じことを言い換えているということが伝わるようにします。ここではsingular purpose
のあとにひと呼吸おいて、to look goodと言います。

複合名詞

複合名詞は一気に発音しましょう。
fashion runway

音声を聞きながら、STEP 1 から STEP 6 の順に進めてみましょう。音声はスロースピード
10回→ネイティブのナチュラルスピード3回の順に収録されています。

STEP 1 音声を聞いて聞き取れたキーワードを書いてみましょう。キーワードから連想し
て本文の内容を想像してみましょう。

STEP 2 最大10回まで音声を繰り返し再生し、聞こえた英文の英単語をできるだけ多く
書き取ってみましょう。カタカナではなく全てアルファベットで！なぐり書きで構いません。

[目安：TOEIC500点台レベル▶10回まで、TOEIC600点台レベル▶7回まで、
TOEIC700点台レベル▶5回まで、TOEIC800点台レベル▶3回まで]

STEP 3 書き取った英文を清書し、文法的に意味が通じるか確認しながら英文を見直し
てみてください。以下に見直しの際のポイントをあげているので、参考にしてみましょう。

☐ 所有格のSは書き取れましたか
☐ 同じ音で違うスペルの単語を適切に書き取れましたか
☐ 前置詞の用法を理解して書き取れましたか
☐ 弱い音を文法的に判断できましたか
☐ よく使われる表現・イディオムを書き取れましたか
☐ カタカナ発音と違う音は書き取れましたか
☐ 文中で弱くなる音は書き取れましたか

STEP 4　答え合わせをし、正しく書き取れなかった部分を確認し、その原因を分析しましょう。

スクリプト&解説

_{G1}Uganda's education ministry is _{V1}planning to add Mandarin language lessons to _{G2}its secondary school _{P1}curriculum _{G3}at _{P2}35 schools and _{G4}has future plans to _{V2}roll it out to more educational institutions as resources become available.

▌ 文法 Grammar

G1 ▶ Uganda's の所有格のsが聞き取れなくても、続くeducation ministry「教育省」との繋がりを考えると「ウガンダ」と「教育省」を結ぶ「の」が必要とわかります。

G2 ▶ it isの省略形であるit'sとまったく同じ発音ですので思わず最初にit'sと書き取る人も多いのですが、そうすると文の意味が通らなくなってしまいます。文の意味が通らない時は同じ音で他の単語(スペル)がないかを考え直してみましょう。

G3 ▶ 機能語である前置詞atも聞き取りにくいですね。schoolの前にくる前置詞で多いのはatなのでat schoolをセットで覚えておけば書き取れます。

G4 ▶ hasのhの音が弱くなって聞き取りにくくなっているうえに、1文が非常に長いので聞き取りの難易度が高い文章です。文全体をおおよそ書き取ったところでUganda's education ministryが主語で、andがあるのでis planningと並列になる動詞があるはずだと気づくとhasが入ることもわかるはずです。

▌ 語彙 Vocabulary

V1 ▶ be planning to do(ここではadd)の形に気づくと聞き取りにくいaddが聞き取れます。「be planning to のあとだから動詞の原形がきているはず」だと待ち構えて聞くことができるのでandやaにも聞こえるaddが聞こえてきます。

V2 ▶ roll outで「水平展開する、製品投入する」という意味を知っておきましょう。今回は、itが入ってroll it outとなり、音が連結してrolliouのように聞こえます。

▌ 発音 Pronunciation

P1 ▶ アクセントが「リ」にあり、カタカナのカリキュラムとは異なる音に聞こえます。

P2 ▶ 複数形のsは弱くなりがちですが、35の学校(school)なので複数形は明らかです。

STEP 5 **STEP 4 のスクリプトから和訳を書いて、意味を確認しましょう。ここでは訳すことで意味がしっかりと理解できているかを確認します。**

和訳 ウガンダの教育省は、35の中等教育学校に中国語の授業を取り入れることを計画しています。方針が決まり次第、更に多くの教育機関に展開する予定です。

ボキャブラリー

□ **Mandarin** (n)：標準中国語
□ **curriculum** (n)：カリキュラム、教科課程
□ **institution** (n)：（公共）施設、[教育・社会・慈善・宗教などの活動のための] 機関、協会
□ **available** (adj)：入手できる、得られる、手に入る

テーマのコラム

「ラストフロンティア」とは？

アフリカは、地球に残された最後の巨大市場として「ラストフロンティア」と注目されています。21世紀に入り、その地域へ最も積極的に投資をしているのが中国です。対アフリカ開発援助という形で道路などのインフラ整備を急ピッチで進めていたり、援助資金をアフリカ諸国に提供し、中国企業が主体となってインフラプロジェクトを受注したりしています。

中国の対アフリカ積極投資の目的は明確です。急成長する自国経済と、その輸出品に対する新しい消費者市場に対応するために、必要不可欠な原料、特に石油および鉄鉱石にアクセスするためです。ここまで先を見越して先手を打っている中国の外交手腕に筆者は驚き、同時に日本のことが心配にもなりました。

STEP 6 **以下の矢印やハイライトを参考にスクリプトを音読し、単語や音のリズムを身につけましょう。発音できる音は聞き取れるようになります。**

Uganda's education ministry / is planning / ★1**to add** / Mandarin language lessons
to its ①**secondary school** ②**curriculum** / at 35 schools ↓
and has future plans / to ★2**roll it out** / to more educational institutions ↑
as resources / become ③**available**. ↓

発音（単語）

① **secondary** [ˈsekənd(ə)ri] (**seh** ·kuhn ·deh ·ree)
セカンドというカタカナに引っ張られて発音しにくい方も多いですが、アクセントをきちんと語頭に置いて発音すると言いやすくなります。

② **curriculum** [kəˈrɪkjʊləm] (ku ·**ri** ·kyoo ·luhm)
カタカナに引っ張られないためには第2音節の「リ」に当たるところにアクセントを置くことが重要です。「リ」はRの舌の形を忘れずに。第1音節cuは「カ」よりも「ク」に近いです。

③ **available** [əˈveɪləb(ə)l] (uh ·**vei** ·luh ·bl)
単語の最後の/l/はDark Lなので「アベイラボー」のようになります。アクセントが置かれている第2音節は/v/の音なので下唇を上の前歯で軽くかむようにして発音しましょう。

発音（連結）

★1 **to add**
短い音の連続であることや母音続きであることでto addの発音が意外と難しいのですがtoを発音するときに、つまりtoとaddの間に/w/「ゥ」を挿入するつもりで発音するとスムーズに言えます。「音の挿入」ルールですね。addの/d/の音はほぼ聞こえません。

★2 **roll it out**
roll itはrollのlとitのiが繋がり、rolliのように連結します。outのtはほぼ聞こえないような弱い音で発音しましょう。rolliouという発音になります。

複合名詞

複合名詞は一気に発音でしたね。
education ministry, Mandarin language schools, secondary school

34 Quality of Life

音声を聞きながら、STEP 1 から STEP 6 の順に進めてみましょう。音声はスロースピード 10回→ネイティブのナチュラルスピード3回の順に収録されています。

STEP 1 音声を聞いて聞き取れたキーワードを書いてみましょう。キーワードから連想して本文の内容を想像してみましょう。

_____

_____

_____

STEP 2 最大10回まで音声を繰り返し再生し、聞こえた英文の英単語をできるだけ多く書き取ってみましょう。カタカナではなく全てアルファベットで！なぐり書きで構いません。

目安：TOEIC500点台レベル ▶ 10回まで、TOEIC600点台レベル ▶ 7回まで、TOEIC700点台レベル ▶ 5回まで、TOEIC800点台レベル ▶ 3回まで

_____

_____

_____

STEP 3 書き取った英文を清書し、文法的に意味が通じるか確認しながら英文を見直してみてください。以下に見直しの際のポイントをあげているので、参考にしてみましょう。

_____

_____

_____

□ 並列構造に気づきましたか
□ 音が弱い機能語を文法的に判断できましたか
□ 接頭辞+単語の組み合わせの単語はわかりましたか
□ よく使われる表現・イディオムを書き取れましたか
□ カタカナ発音と違う音は書き取れましたか

STEP 4 **答え合わせをし、正しく書き取れなかった部分を確認し、その原因を分析しましょう。**

スクリプト＆解説

Some v1urban areas in P1Europe, such as P2Oslo, are v2taking steps to regulate G1and reduce the number of cars as they aim to improve both the environment G2and quality of life.

▌文法 Grammar

G1 ▶ regulate and reduceで動詞が並列になっています。1文が長くなるとandが結んでいるものがどれとどれなのか、一発の聞き取りだけで文の構造を理解するのが難しいと思います。そのうえ、聞き取りにくい機能語のandなので、見直しの際に文脈から考えて後からandを埋めるようにしましょう。

G2 ▶ ここも聞き取りにくいandですが、何と何が並列なのかを文全体から理解して、あとで書き取るので構いません。ここではenvironment and quality of lifeの名詞が並列で、改善するのは「環境」と「QOL」ということです。

▌語彙 Vocabulary

V1 ▶ urban「都市の、都会の」という意味。発音から推測するとスペルを間違える可能性があるので注意です。ちなみに、反対語はsuburban。ラテン語subが由来です。subはunderやbelowといった「下」を意味する接頭辞です。

V2 ▶ take stepsで「対策を講じる」という意味です。
Ex) We need to **take steps** to stop global warming.「我々は地球温暖化を止めるための策を講じる必要があります」

▌発音 Pronunciation

P1 ▶ カタカナの「ヨーロッパ」を期待していると発音が違うので気をつけましょう。ニュース等では頻出なので押さえておきましょう。カタカナで言うと「ユーロップ」のようになります。Euroと間違えてしまうかもしれません。

P2 ▶ 日本語では「オスロ」ですが、Osloのsが/s/ではなく/z/の発音になるのが英語発音です。

STEP 5　STEP 4 のスクリプトから和訳を書いて、意味を確認しましょう。ここでは訳すこと
で意味がしっかりと理解できているかを確認します。

_____

_____

_____

_____

和訳　オスロなど、ヨーロッパの一部の都市部では、環境と生活の質の両方を向上さ
せることを目的として、車の数を規制および削減するための対策を講じています。

ボキャブラリー

- □ **regulate** (v)：〔規則など〕を取り締まる
- □ **reduce** (v)：〜を減少させる、縮小する
- □ **aim to**〜 (v)：〜しようと意図（計画）する

テーマのコラム

ノルウェーってどんな国？

ノルウェーは欧州で最大の石油埋蔵量と天然ガス埋蔵量を有しています。世界第
3位の天然ガス輸出国であり、世界第12位の石油輸出国であります。一方で水力
がノルウェーの主要な発電源で、同国の全発電量の97%を占めているという面白
い構造になっています。

国内を走る車は圧倒的にTeslaをはじめとする電気自動車が多く、次いでハイブ
リッド車。政府はガソリン車廃止に向けて様々な政策を打ち立てています。

そんな中、さらにもう一歩踏み込み、オスロなどの大都市の中心部には車での侵
入が禁じられるようになりました。車の渋滞による空気汚染をなくし、歩行者や自転
車走行車が楽しめる街づくりのためだそうです。

STEP 6　以下の矢印やハイライトを参考にスクリプトを音読し、単語や音のリズムを身につけましょう。発音できる音は聞き取れるようになります。

Some ①**urban areas** / in Europe, / ★1 such as Oslo, ↑
are taking steps / to ②**regulate** / and reduce / the ★2 **number** / **of cars** ↓
as they aim / to improve / ★3 **both the** ③**environment** / and quality of life. ↓

発音（単語）

① **urban** [ˈɜː(r)bən] (**ur** ·bn)
urはerの音と同じ。R-controlled vowelです。しっかり舌を巻き、お腹から発声しましょう。

② **regulate** [ˈreɡjʊleɪt] (**reh** ·gyuh ·leit)
カタカナのレギュレーション（またはレギュラー）にアクセントが引っ張られる傾向があるのでアクセントを語頭に置いて、舌先を軽く巻くようにして/re/を発音します。

③ **environment** [ɪnˈvaɪrənmənt] (uhn ·**vai** ·urn ·muhnt)
第1音節は「エン」ではなく、「イン」に近い音を軽く発音します。

発音（連結）

★1 **such as**
suchのchとasのaが繋がって、「サッチャ」のように聞こえます。

★2 **number of cars**
ofのfの音はほぼ聞こえず脱落します。機能語は忠実に発音しようとするとかえって発音しにくくなります。

★3 **both the**
thの音が2度連続しているので忠実に発音しようとすると舌がまわらず大変です。bothのthとtheのthがひとつになりbotheのように発音します（同化のルール）。

イントネーション

並列を表すandが2度出てきていますね。regulate <u>and</u> reduceとthe environment <u>and</u> quality of lifeの2か所については、andを中心にイントネーションを上げて、そのあと下げるようにして発音しましょう。

Working Women

DL-35

音声を聞きながら、STEP 1 から STEP 6 の順に進めてみましょう。音声はスロースピード 10回→ネイティブのナチュラルスピード3回の順に収録されています。

STEP 1　音声を聞いて聞き取れたキーワードを書いてみましょう。キーワードから連想して本文の内容を想像してみましょう。

_____

_____

_____

_____

STEP 2　最大10回まで音声を繰り返し再生し、聞こえた英文の英単語をできるだけ多く書き取ってみましょう。カタカナではなく全てアルファベットで！なぐり書きで構いません。

> 目安：TOEIC500点台レベル ▶ 10回まで、TOEIC600点台レベル ▶ 7回まで、
> TOEIC700点台レベル ▶ 5回まで、TOEIC800点台レベル ▶ 3回まで

_____

_____

_____

STEP 3　書き取った英文を清書し、文法的に意味が通じるか確認しながら英文を見直してみてください。以下に見直しの際のポイントをあげているので、参考にしてみましょう。

_____

_____

_____

□　よく使われる表現・イディオムを書き取れましたか

□　複数形のSは書き取れましたか

□　音が弱い機能語を文法的に判断できましたか

□　接頭辞+単語の組み合わせの単語がわかりましたか

□　カタカナ発音と違う音は書き取れましたか

答え合わせをし、正しく書き取れなかった部分を確認し、その原因を分析しましょう。

スクリプト＆解説

One of the major things holding women back G1from P1full equality is the V1disproportionate burden of unpaid care and P2domestic work that V2falls on their G2shoulders. There is no country in the world G3where men perform more of this work than women do.

文法 Grammar

G1▶ 間にwomenが挟まれているのでわかりにくいですがhold backの後に前置詞fromが続いていてhold back from〜「〜から食い止める、〜から引き止める」という意味です。holding back womenでなくholding women backとなっているのは、womenを強調するためです。

G2▶ 「その女性たちの肩に重荷がのしかかっている」ので肩の数も複数形になります。shouldersの複数形のsが聞き取りにくくてもその前のtheirから書き取れる方もいるかもしれません。

G3▶ whereは発音としてはほとんど聞き取れないでしょう。worldが前にあるので関係代名詞はwhereになります。where以下で「どんなworld」なのかを説明している文がきていると気づけば、関係代名詞であるwhereを予測できます。

語彙 Vocabulary

V1▶ 語頭に否定を意味する接頭辞のdis-がproportionateについてできた単語です。

V2▶ fall on〜「〜の上にのしかかる」という意味です。fall onを知らないと「フォーロ(ン)」という音の名詞があるのかと頭の中で探し始めて混乱してしまうので語彙力も大切です。

発音 Pronunciation

P1▶ カタカナの「フル」とは違い「フ」という強い音もしくはそれが息の音と相まって「フォ」のように聞こえてしまう人もいるかもしれません。短い単語だからこそ音を勘違いして覚えていると推測もつかなくなってしまいます。

P2▶ domesticの発音は「ドメスティック」ではなく「ドゥ」のように語頭が聞こえます。それは第2音節のmeにアクセントがくるので第1音節のdoのoがあいまい母音になるためです。

_____

_____

_____

_____

和訳 女性を完全なる平等から遠ざけている主な原因のひとつは、彼女たちの肩に重くのしかかる、支払いのない家事の過剰負担です。世界中どこを探しても、女性よりも男性の負担が多い国はありません。

ボキャブラリー

□ **disproportionate** (adj)：不釣り合いな
□ **burden** (n)：負担
□ **fall on〜** (v)：〜にふりかかる、〜にのしかかる

テーマのコラム

女性の社会進出

アメリカ人の友達の家庭における家事分担の状況を見ていると、アメリカは進んでいると思っていました。

例えば、私の見てきたアメリカの一般的な家庭でのディナーはとてもシンプルでサラダ、パン、グリルされた肉料理という献立ですが、帰宅すると男性が外でステーキやソーセージをグリルしているという光景をよく目にしました。出来上がったものからキッチンカウンターに並べられ、各々1枚のお皿に自分で盛り、食事が終わったらお皿とコップを食洗機に積んで、朝になったら洗い終わっているという家庭が多く当たり前のように存在します。

そんなアメリカでさえ、Unit 35で扱ったような記事をニュースなどで度々目にします。「女性の家事負担が男女平等を遠ざけている」と、アメリカのような環境でさえ騒がれるのです。

日本ではまだまだ女性が台所に長時間立って、手の込んだ料理を作るのが理想だと思う人が多いように思います。本当の意味で女性の社会進出を応援するのであれば、求めている家事の水準を変える必要があるのではないでしょうか。

STEP 6 　以下の矢印やハイライトを参考にスクリプトを音読し、単語や音のリズムを身につけましょう。発音できる音は聞き取れるようになります。

★One of the / major things / ①**holding** / women / back from / full ②**equality** ↑
is the disproportionate burden / of unpaid care / and domestic work ↓
that falls on / their ③**shoulders**. ↓
There is / no country / in the world ↑
where men / ④**perform** more / of this work / than women do. ↓

発音（単語）

① **holding** [ˈhəʊldɪŋ] (**howl** ·duhng)
hは喉の奥から吐き出す音です。日本語の「ホ」は息が弱いのでどちらかというとfの音に近く聞こえてしまうのでfoldingと聞き間違えられてしまう可能性もあります。

② **equality** [ɪˈkwɑːləti] (ee ·**kwaa** ·luh ·tee)
equalの発音に引っ張られて、語頭にアクセントを置いてしまう人も多いのですが第2音節にアクセントを置きましょう。

③ **shoulders** [ˈʃəʊldə(r)z] (**showl** ·drz)
カタカナの「ショルダー」に惑わされないようにしましょう。/l/はDark Lで、shou部分は「ショ」ではなく「ショウ」になります。「ショウダー」のように聞こえます。

④ **perform** [pə(r)ˈfɔː(r)m] (pr ·**form**)
カタカナの「パフォーマンス」に惑わされないように、アクセントの位置に気をつけます。第2音節にアクセントを置き、formのfor部分はしっかり舌をRの形にしましょう。第1音節のperはrをそこまで強く意識しなくても構いません。

イントネーション

★ 1文目は主語も長く、英文そのものも長いので息継ぎやイントネーションの上下に気をつけましょう。スクリプトの1行目にあるように長い主語がどこまでかを伝えるため、full equalityのあとのイントネーションを上げます。また、is the disproportionate burden以降は意味が伝わるように、意味のかたまりに区切ってスクリプトに従って読むようにすると良いです。

Wealth Disparity

音声を聞きながら、STEP 1 から STEP 6 の順に進めてみましょう。音声はスロースピード10回→ネイティブのナチュラルスピード3回の順に収録されています。

STEP 1 音声を聞いて聞き取れたキーワードを書いてみましょう。キーワードから連想して本文の内容を想像してみましょう。

STEP 2 最大10回まで音声を繰り返し再生し、聞こえた英文の英単語をできるだけ多く書き取ってみましょう。カタカナではなく全てアルファベットで!なぐり書きで構いません。

目安:TOEIC500点台レベル ▶ 10回まで、TOEIC600点台レベル ▶ 7回まで、
TOEIC700点台レベル ▶ 5回まで、TOEIC800点台レベル ▶ 3回まで

STEP 3 書き取った英文を清書し、文法的に意味が通じるか確認しながら英文を見直してみてください。以下に見直しの際のポイントをあげているので、参考にしてみましょう。

☐ 修飾している部分に気づき、文構造を理解できましたか
☐ 複数形のSは書き取れましたか
☐ よく使われる表現・イディオムを書き取れましたか
☐ 接頭辞+単語の組み合わせの単語はわかりましたか
☐ 洗練された表現を知っていましたか
☐ 専門用語など聞きなれない単語を聞き取れましたか
☐ 連結によって文中で弱くなる音は書き取れましたか

スクリプト＆解説

Wealth is increasingly **V1**concentrated in **G1**fewer hands **P1**because of **V2**uneven access to the **G2**educational opportunities **G3**necessary for social promotion, **P2**not to mention decades of **V3**tax breaks for the wealthy.

文法 Grammar

G1 ▶ fewer handsは「形容詞の比較級＋名詞」の形です。fewer people's handsのpeopleが実は省略されています。おしゃれな文章に仕上げるときは単語を省略することが多いです。handは「手」だけでなく「(所有の)手、所有」という意味でも使われます。他にも「時計の針」という意味でWhere is the hour hand?「短い針はどこを指していますか?」、友情の印としてGive me your hand.やトランプの持ち札を表す意味でI was dealt a good hand.のようにも使います。

G2 ▶ opportunitiesの複数形のsは、教育の機会はひとつではないので複数形ですね。

G3 ▶ uneven access to the educational opportunities necessary for social promotionの部分は名詞のeducational opportunities をnecessary for social promotionという形容詞句が修飾していると考えるとわかりやすいです。

語彙 Vocabulary

V1 ▶ be concentrated in～「～に集中している」という意味です。

Ex) More than 60% of the population **is concentrated in** just 5 cities. 「たった5つの市に人口の60パーセント以上が集中している」

V2 ▶ evenに否定の意味を表すunがついて、uneven「平らでない、でこぼこの、不均一な」という意味です。uneven accessで「段差」ですが、この文章ではそれを比ゆ的に使って「格差」を表しています。こういったしゃれた表現にも慣れていきたいですね。

V3 ▶ tax breakで「控除、減税、優遇税制措置、節税策」という意味です。単語を知らないとbreakを動詞と勘違いするなどして混乱の原因になります。

発音 Pronunciation

P1 ▶ becauseとofが連結して、「ビコーゾ」のように聞こえるでしょう。

P2 ▶ notのtとtoのtと、同じ子音が続き、同化し、notのtが脱落して「ノットゥー」のようになります。

_____

_____

_____

_____

和訳 数十年にもわたる税制優遇措置の恩恵はいうまでもなく、社会的地位向上に不可欠な教育機会の不平等のため、富はますます少数の限られた富裕層に独占されています。

ボキャブラリー

□ **increasingly** (adv)：ますます、いよいよ、だんだん
□ **concentrate in〜** (v)：〜に集中する、〜に集まる
□ **uneven** (adj)：均一でない
□ **tax break** (n)：税制優遇措置

テーマのコラム

アメリカの貧富の差

ニューヨークやロサンゼルスのような大都市に行くと、アメリカが抱えている貧富の格差を垣間見ることができます。街中にはホームレスがあふれていると思えば、通り一本越えると街の雰囲気が一変し、日本では見たことのないような豪邸が立ち並んでいたりします。「アメリカ人の上位1%の持つ資産は下位90%の全資産と同等」とよく言われます。

その理由はアメリカが資本主義であるため、成功した者は富を手にする一方で失敗した者へのセーフティーネットがないからです。また、移民国家であるアメリカでは「自己責任意識」が強いからです。

STEP 6 **以下の矢印やハイライトを参考にスクリプトを音読し、単語や音のリズムを身につけましょう。発音できる音は聞き取れるようになります。**

Wealth is / ①**increasingly** ②**concentrated** / in ③**fewer** hands ↓
because of / uneven access / to the educational opportunities ↑
necessary for / social promotion, ↓
not to mention ↑
★**decades of** / tax breaks / for the ④**wealthy**. ↓

発音（単語）

① **increasingly** [ɪnˈkriːsɪŋli] (uhn ·**kree** ·suhng ·lee)
② **concentrated** [ˈkɑːnsʌˌntreɪt̬ɪd] (**kaan** ·suhn ·trei ·tuhd)
上記2つともアクセントの位置に気をつけましょう。②のアクセントが置かれている第1音節は口を縦に開けて「あ」と発音するShort Oです。

③ **fewer** [ˈfjuːə(r)] (**fyoo** ·uh)
fewが母音で終わっているので、比較級の-erがつくと少し発音しにくくなるかもしれません。fewの発音のまま、舌をrの形にしながらuhと言うようにしてみましょう。

④ **wealthy** [ˈwelθi] (**wel** ·thee)
-lthyの部分の発音が難しいでしょう。lの音を意識しすぎるとthyが発音しにくくなる原因にもなるのでthyを言う前にlを軽く発音するような程度で発音すれば問題ありません。healthyも同じようにlthy部分が難しいですね。カタカナの「ヘルシー」のように「ル」をはっきりと発音しすぎないことです。

発音（連結）

★**decades of**
decadesのsとofのoが連結してdecazavのような発音になります。

イントネーション

この1文も長めの文章で、「文章がその後もまだ続いています」、「ここで文章はまだ終わりません」ということを示すためにも2行目のeducational opportunitiesのあとや4行目のnot to mentionのあとのイントネーションをあげて読むことに注意しましょう。

複合名詞

tax break

音声を聞きながら、STEP 1 から STEP 6 の順に進めてみましょう。音声はスロースピード
10回→ネイティブのナチュラルスピード3回の順に収録されています。

STEP 1 音声を聞いて聞き取れたキーワードを書いてみましょう。キーワードから連想し
て本文の内容を想像してみましょう。

_____

_____

_____

STEP 2 最大10回まで音声を繰り返し再生し、聞こえた英文の英単語をできるだけ多く
書き取ってみましょう。カタカナではなく全てアルファベットで！なぐり書きで構いません。

目安：TOEIC500点台レベル ▶ 10回まで、TOEIC600点台レベル ▶ 7回まで、
TOEIC700点台レベル ▶ 5回まで、TOEIC800点台レベル ▶ 3回まで

_____

_____

_____

STEP 3 書き取った英文を清書し、文法的に意味が通じるか確認しながら英文を見直し
てみてください。以下に見直しの際のポイントをあげているので、参考にしてみましょう。

_____

_____

_____

☐ 三単現のSは書き取れましたか
☐ 定冠詞と不定冠詞の使い方は理解していますか
☐ 固有名詞がわかりましたか
☐ よく使われる単語を書き取れましたか
☐ Short Oでカタカナ英語と違う音は書き取れましたか
☐ 脱落する音は書き取れましたか

STEP 4 　答え合わせをし、正しく書き取れなかった部分を確認し、その原因を分析しましょう。

スクリプト&解説

V1Jack Ma of V2Alibaba G1 P1offers this advice: G2your first job is your most important job, and your priority should be to find G3the right mentor. You should find a P2good boss that can teach you how to be a human being, how to do things right, and how to do things V3properly.

文法 Grammar

G1 ▶ 主語がJack Maという人物名ですので、offersの三単現のsもきちんと書き取りましょう。

G2 ▶ :のあとの文の構造を確認しておきましょう。一見簡単な単語が並んでいるのですが、実は省略があるので文脈理解に少し悩むかもしれません。次のように文章を分解して、省略されている部分を示すとわかりやすいでしょう。Your first job is your most important job. Your priority (in your first job) should be to find the right mentor.

G3 ▶ 定冠詞theは音だけ聞いていると聞き逃しやすいですが、書き取りをひと通り終えた後に意味を考えながら見直してみてください。「あなたにぴったり(right)なメンターを見つけ出す」ということは、唯一無二のメンターということなのでtheが必要です。

語彙 Vocabulary

V1 V2 ▶ 人物名であるJack Maと会社名のAlibabaはともに固有名詞ですが非常に有名な単語なので日本語で知っているという方も多いのではないでしょうか。英語のスペルもこの際覚えましょう。

V3 ▶ properlyは「適切に、きちんと」といった意味の副詞です。pro部分が「プラ」に近い音に聞こえるはずです。properlyのように接尾辞 -lyで終わる単語は副詞です。proper「礼儀正しい、きちんとした」という形容詞を知っていればproperlyという単語の意味も推測することができます。how to do things properlyで「物事をきちんと遂行する方法」という意味になります。

発音 Pronunciation

P1 ▶ offersのoはShort Oなので、「お」よりも「あ」に近い音で聞こえます。

P2 ▶ good boss のgoodのdの音は脱落して聞こえません。またそのあとのthatはgood bossの説明ですがこのthatも弱く発音されてほとんど聞き取りにくいでしょう。

STEP 5　STEP 4 のスクリプトから和訳を書いて、意味を確認しましょう。ここでは訳すことで意味がしっかりと理解できているかを確認します。

_____

_____

_____

_____

和訳　アリババのジャック・マー氏は、次のようにアドバイスをしています。あなたが最初にすべき最重要、かつ最優先事項は、適切なメンターを見つけることです。「あなたが人としてどう生きていくか」を教えてくれ、あなたが物事を正しく、そして適切に進められる価値ある社会人へと導くことのできる良い上司を見つけなければいけません。

ボキャブラリー

- □ **offer** (v)：〜を提供する、申し出る
- □ **priority** (n)：優先すること
- □ **mentor** (n)：メンター
- □ **properly** (adv)：適切に、ほどよく

テーマのコラム

ジャック・マーって？

ジャック・マーは中国の起業家です。時価総額40兆円超、社員数6万人、中国だけではなく世界を代表する企業となったアリババ・グループの創業者です。インターネットを通じた小売りサービスや金融サービスを主たる事業としています。

マーはアリババを起業するまで、大学受験に2度失敗し、ようやく進学した大学を卒業後、5年間英語の教鞭をとります。教師の仕事はジャック・マーにとってその才能を発揮する場となり、人気の講師となりますが、その仕事を辞して自らの可能性にかけるべく起業の道へと進みます。今の成功を手に入れるまでに非常に多くの失敗を経験しているマーの経営哲学には説得力があります。

STEP 6　以下の矢印やハイライトを参考にスクリプトを音読し、単語や音のリズムを身
につけましょう。発音できる音は聞き取れるようになります。

Jack Ma / of Alibaba / offers / this ①**advice**: ↓
your first job / is your most important job, ↓
and your priority / should be / to find / the right ②**mentor**. ↓
You should find / a good boss / that can / teach you / ↓
★**how to** / **be a human being**, ↑
how to / do things right, ↑
and how to / do things ③**properly**. ↓

発音（単語）

① **advice** [əd'vaɪs] (uhd **vais**)
advice（名詞）[əd'vaɪs]とadvise（動詞）[əd'vaɪz]で発音とスペルが異なることに注意しま
しょう。名詞形は-ceで終わり、動詞は-seで終わります。発音も名詞だと語尾が/s/で動
詞だと/z/になります。名詞形でも動詞形でもadのaはあいまい母音ですので音は軽く、
発音しましょう。

② **mentor** ['mentɔː(r)] (**men** ·tr)
最近日本語でも定着してきている「メンター」ですがアクセントは語頭にあるので第2音
節のtorはカタカナの「ター」ほどハッキリ母音を言わないように。ただし、舌はしっかりR
の形で舌先を巻いて発音しましょう。

③ **properly** ['prɑːpə(r)li] (**praa** ·pr ·lee)
アクセントのある第1音節は「プロ」ではなく、「プラ」に近いです。

発音（連結）

★**how to be a human being**,
beとaをきちんと分けて発音しようとする人が多いですが、流れるような英語を話すため
に子音の/y/を挿入します。beeyaのようになります。「音の挿入」ルールですね。

イントネーション

2文目のteach youのあとの目的語が、A, B, and Cの並列になっています。how to be a
human being(↑), how to do things right(↑), and how to do things properly(↓)の
ように「上げて、上げて、下げる」イントネーションで読みましょう。

 **Environment**

DL-38

音声を聞きながら、STEP 1 から STEP 6 の順に進めてみましょう。音声はスロースピード 10回→ネイティブのナチュラルスピード3回の順に収録されています。

STEP 1 音声を聞いて聞き取れたキーワードを書いてみましょう。キーワードから連想して本文の内容を想像してみましょう。

___

___

___

___

STEP 2 最大10回まで音声を繰り返し再生し、聞こえた英文の英単語をできるだけ多く書き取ってみましょう。カタカナではなく全てアルファベットで！なぐり書きで構いません。

> 目安：TOEIC500点台レベル ▶ 10回まで、TOEIC600点台レベル ▶ 7回まで、
> TOEIC700点台レベル ▶ 5回まで、TOEIC800点台レベル ▶ 3回まで

___

___

___

___

STEP 3 書き取った英文を清書し、文法的に意味が通じるか確認しながら英文を見直してみてください。以下に見直しの際のポイントをあげているので、参考にしてみましょう。

___

___

___

___

- □ よく使われる表現・イディオムを書き取れましたか
- □ よく使われる単語を書き取れましたか
- □ 単語＋接尾辞の組み合わせの単語がわかりましたか
- □ 専門用語など聞きなれない単語を聞き取れましたか
- □ 固有名詞がわかりましたか
- □ カタカナ発音と違う音は書き取れましたか

答え合わせをし、正しく書き取れなかった部分を確認し、その原因を分析しましょう。

スクリプト＆解説

P1Carlsberg, the P2Danish beer company, is G1working on creating a V1recyclable wood bottle made from V2sustainably sourced V3wood fiber. The company is looking for ways to G2lower its impact on the environment and P3present consumers with an interesting new option.

▌文法 Grammar

G1 ▶ work on〜「〜に取り組む」という意味です。is working on creatingのisとonが聞き取りにくくworkingとcreatingだけが聞こえてくると動名詞が続くので違和感があると思います。その時にwork onという句動詞を知っているとonという前置詞のあとだからcreatingという動詞が名詞化されている、と気づくことができます。

G2 ▶ lowerは比較級ではなく動詞で「削減する」という意味です。toのあとにlowerがあることにも着目して動詞であることを見つけます。lowerはニュース等でもよく目にする単語なので以下に例文を載せておきます。

Ex) Tax rates **were lowered** for low income residents.「低所得者には税率は削減された」

▌語彙 Vocabulary

V1 V2 ▶ recyclableはre＋cycle＋ableでできています。名詞＋ableで「〜可能な」という形容詞を作ります。ここでは「リサイクル可能な」という意味。**V2**のsustainablyも同様でsustain「持続」＋able「可能な」に副詞を作るlyをつけて「持続可能に」。

V3 ▶ wood fiber で「木繊維」。fiberは「繊維」であることから意味を推測しましょう。

▌発音 Pronunciation

P1 ▶「カールスバーグ」はビール好きの方は馴染みのある固有名詞かもしれません。

P2 ▶ カタカナで書くと「デーニッシュ」に近く、「デンマークの」という意味。デニッシュパンはデンマークやその周辺のスカンジナビア諸国発祥のパンでここから由来しています。

P3 ▶ 動詞と名詞・形容詞で発音、アクセントの位置が異なります。発音の違いは聞き取りが難しくてもアクセントが後ろにあることで動詞だと気づけると良いですね（→STEP 6）。

_____

_____

_____

_____

和訳　デンマークのビール会社であるカールスバーグ社は、持続的に調達可能な木材繊維を利用した、リサイクル可能な木製ボトルの製造に取り組んでいます。同社は、環境への影響を最小限にした興味深く新しい選択となる商品ラインナップを消費者に提供する方法を模索しています。

ボキャブラリー

□ **work on** ～ (v)：～に取り組む
□ **sustainably** (adv)：持続的に
□ **fiber** (n)：繊維

テーマのコラム

ペットボトルに代わるエコなもの
ペットボトル飲料はとても便利ですよね。筆者もついついペットボトルを購入してしまいます。環境のことを考えてペットボトルの使用を減らそうということが叫ばれても、この便利さからなかなか逃れられません。

そんなペットボトルの問題を解決するかもしれない、100％バイオベースの飲料ボトルの開発が進められています。推進するのは、デンマークのカールスバーグ社です。カールスバーグ社は、環境に配慮した紙製ボトル「グリーンファイバーボトル」の新しい試作品を発表しました。木材繊維で作られており、完全にリサイクル可能になっています。

グリーンファイバーボトルはまだ試作段階でありますが、実用化に至れば、そのインパクトは先進国から開発途上国まで、世界中で莫大なものとなるでしょう。

発音ポイント

STEP 6 　以下の矢印やハイライトを参考にスクリプトを音読し、単語や音のリズムを身につけましょう。発音できる音は聞き取れるようになります。

Carlsberg, / the Danish / beer company, ↓
is working on / creating / a ①**recyclable** wood bottle ↑
made from / ②**sustainably** sourced / wood fiber. ↓
The company / is looking for / ways to / lower its / impact on / the environment ↑
and ③**present** consumers / with an interesting / new option. ↓

発音（単語）

① **recyclable** [riːˈsaɪkləb(ə)l] (ruh ˈ**sai** ˌkuh ˌluh ˌbl)
語頭のrは舌をしっかり巻きます。舌を丸めて、腹の底から空気を送り出すように力強く言いましょう。語頭のrを力強く言うためには、rの前に/w/の音を少し入れてrの舌を作るための助走をつけるように発音するとうまく言えますよ。

② **sustainably** [səˈsteɪnəb(ə)li] (suh ˈ**stei** ˌnuh ˌbli)
やや長めの単語なのでアクセントに気をつけましょう。アクセントのある第2音節stain部分は「ステー」より「ステイ」が近いです。

③ **present** 名詞と動詞で発音とアクセントが変わる単語です。
名詞・形容詞 [ˈpreznt] (**pre** ˌzent)
動詞 [prɪˈzent] (pri ˈ**zent**)
日本語でもなじみのある「プレゼント」はカタカナと同じような発音とアクセントなので覚えやすいでしょう。動詞形になるとpre部分がどちらかというと「プリ」という発音で、アクセントも第2音節のsentの部分にくるので注意しましょう。聞き取りの際はアクセントと発音で動詞か名詞・形容詞かの区別が可能ですね。

イントネーション

★ 1文目のa recyclable wood bottleのあとのイントネーションが上がっています。
文法的にはrecyclable wood bottleで1回文章が終わってもおかしくないのでこのあとまだ文章が続くということを声で示すためです。

複合名詞

下記の複合名詞を一気に読むようにしましょう。「ひとつのかたまり」であることが伝わることを意識してください。
beer company, wood bottle, wood fiber

39 Columbia

音声を聞きながら、STEP 1 から STEP 6 の順に進めてみましょう。音声はスロースピード10回→ネイティブのナチュラルスピード3回の順に収録されています。

STEP 1 音声を聞いて聞き取れたキーワードを書いてみましょう。キーワードから連想して本文の内容を想像してみましょう。

_____

_____

_____

_____

STEP 2 最大10回まで音声を繰り返し再生し、聞こえた英文の英単語をできるだけ多く書き取ってみましょう。カタカナではなく全てアルファベットで!なぐり書きで構いません。

> 目安：TOEIC500点台レベル ▶ 10回まで、TOEIC600点台レベル ▶ 7回まで、
> TOEIC700点台レベル ▶ 5回まで、TOEIC800点台レベル ▶ 3回まで

_____

_____

_____

_____

STEP 3 書き取った英文を清書し、文法的に意味が通じるか確認しながら英文を見直してみてください。以下に見直しの際のポイントをあげているので、参考にしてみましょう。

_____

_____

_____

□ 音が弱い機能語を文法的に判断できましたか
□ 挿入語（句）に気づき、文の構造を理解できましたか
□ 単語＋接尾辞の組み合わせの単語がわかりましたか
□ よく使われる単語を書き取れましたか
□ 似たRとLの音が続く単語を聞き取れましたか
□ 数字は聞き取れましたか

答え合わせをし、正しく書き取れなかった部分を確認し、その原因を分析しましょう。

スクリプト＆解説

Once **P1** **V1**primarily associated with gangs and drugs, Colombia is now a major tourist destination. Tourism **G1**has more than **G2** **V2**tripled from 1 million foreign visitors per year in 2006 to **P2**3.1 million in **P3**2018.

文法 Grammar

G1 **G2** ▶ has tripledという現在完了形のhasは機能語で聞き取りにくいと思います。そのうえ、has tripledの間にmore thanが挿入されているので聞き取りで混乱する原因になります。more thanと聞くとつい、その後に名詞がきたり、比較級がきたりすると構えてしまうのですがこのように動詞を修飾するように「〜より以上の」という意味で使う用法も慣れておきましょう。

語彙 Vocabulary

V1 ▶ primaryに副詞を作る接尾辞のlyがくっついてprimarilyです。

V2 ▶ tripleがtripに聞こえたかもしれません。この動詞を知らないといつまで経っても聞き取れないでしょう。「○倍になる、〜を○倍にする」という動詞でよく使うものを覚えておきましょう。double「2倍になる」、triple「3倍になる」、quadruple「4倍になる」

発音 Pronunciation

P1 ▶ 語末のrily部分はrとlの発音が続くので発音するのも聞き取るのも難しいですが、今回の文章では分詞構文の中で文頭のほうに出てきていることもさらに聞き取りを難しくさせている原因になっているでしょう。

P2 ▶ 3.1 millionの3.1部分は「.」をpointと読むのでthree point one millionと発音します。

P3 ▶ 2018 はtwenty eighteenもしくはtwo thousand eighteenどちらで発音しても構いません。前者のtwenty eighteenのほうがこなれた言い方に聞こえます。

STEP 5 STEP 4 のスクリプトから和訳を書いて、意味を確認しましょう。ここでは訳すことで意味がしっかりと理解できているかを確認します。

_____

_____

_____

_____

_____

かつて、ギャングや薬物のイメージが強かったコロンビアは、現在では主要な観光地のひとつとなりました。2006年には年間100万人だった外国人旅行者が、2018年には310万人と3倍以上に増えました。

_____

ボキャブラリー

□ **primarily** (adv)：主に、主として
□ **associate with ～** (v)：～と関連づける、連想する
□ **triple** (v)：3倍にする

テーマのコラム

コロンビアってどんな国？

コロンビアは日本から見ると地球の反対側に位置し、旅行するにもあまりにも遠く、時間や費用がかかってしまうため、気軽に訪問できる場所ではありません。それに加え数十年前までは麻薬マフィアや左翼ゲリラなどによる誘拐や殺人が頻繁に発生し、観光や旅行ができる環境にはありませんでした。

実際に行ってみると太平洋とカリブ海を望む美しいビーチ、伝統的なコロニアル風な街並み、古代遺跡・・・など想像を絶する美しさに溢れているそうです。筆者は大学で第二外国語としてスペイン語を専攻していたので、機会があれば訪れてみたいなと思っています。

STEP 6　以下の矢印やハイライトを参考にスクリプトを音読し、単語や音のリズムを身につけましょう。発音できる音は聞き取れるようになります。

Once / ①**primarily** / associated with / ②**gangs** and drugs, ↓
Colombia / is now / a major / tourist destination. ↓
★Tourism / has more than ③**tripled** / from 1 million / foreign visitors ↑
per year / in ④**2006** / to ④**3.1 million** / in ④**2018**. ↓

発音（単語）

① **primarily** [praɪˈm(ə)rəli] (prai ·**meh** ·ruh ·lee)
STEP 4 でも触れましたが語尾のrily部分がrとlの発音が続くので言いにくい単語です。スペルはrilyで、「リリー」と発音しそうですがri部分はあいまい母音でraやruに近い音で発音するので「ラリー」に近いです。

② **gangs** [gæŋz] (gangz)
gaのaは「え」の口で「あ」と発音します。口を横に広く開けてgaの音を発音してください。

③ **tripled** [ˈtrɪp(ə)ld] (**tri** pld)
カタカナの「トリプル」と異なりアクセントが語頭にあります。またple部分はDark Lですので、「ポー」に近く聞こえますね。

④ **2006 / 3.1 million / 2018**
数字が続きますので、読み方をまとめて確認しておきましょう。
2006 = two thousand six
3.1 million = three point one million
2018 = two thousand eighteen / twenty eighteen

イントネーション

★　3行目のforeign visitorsのあとのイントネーションが上がっています。これは、文法的にはforeign visitorsで1回文章が終わってもおかしくないのでこのあとまだ文章が続くということを声で示すためです。「まだ私の話は続きます」という合図になります。

複合名詞

tourist destination

Diabetes

DL-40

音声を聞きながら、STEP 1 から STEP 6 の順に進めてみましょう。音声はスロースピード
10回→ネイティブのナチュラルスピード3回の順に収録されています。

STEP 1 音声を聞いて聞き取れたキーワードを書いてみましょう。キーワードから連想し
て本文の内容を想像してみましょう。

_____

_____

_____

_____

STEP 2 最大10回まで音声を繰り返し再生し、聞こえた英文の英単語をできるだけ多く
書き取ってみましょう。カタカナではなく全てアルファベットで！なぐり書きで構いません。

目安：TOEIC500点台レベル ▶ 10回まで、TOEIC600点台レベル ▶ 7回まで、
TOEIC700点台レベル ▶ 5回まで、TOEIC800点台レベル ▶ 3回まで

_____

_____

_____

_____

STEP 3 書き取った英文を清書し、文法的に意味が通じるか確認しながら英文を見直し
てみてください。以下に見直しの際のポイントをあげているので、参考にしてみましょう。

_____

_____

_____

_____

□ 定冠詞と不定冠詞の使い方は理解していますか
□ 挿入語（句）に気づき、文の構造を理解できましたか
□ 接頭辞+単語の組み合わせの単語がわかりましたか
□ 連結によって文中で弱くなる音は書き取れましたか
□ カタカナ発音と違う音は書き取れましたか
□ Short Oでカタカナ英語と違う音は書き取れましたか
□ カタカナにした時に似た発音を聞き分けられましたか

スクリプト＆解説

Singapore will be G1the first country in the world to P1ban advertisements for V1unhealthy drinks with high sugar P2content. Soft drinks, juices, yogurt drinks, and instant P3coffee would G2all be P4affected by G3the new regulation.

▌ 文法 Grammar

G1 ▶ theは聞き取りにくいですがそのあとのfirst countryは、「糖度の高い不健康な飲み物の広告を禁止する初の国」という意味で、その国は1つしかありません。文全体を書き取ったところでいいので、定冠詞theを入れたいですね。

G2 ▶ 主語がSoft drinksからinstant coffeeまで長く、動詞部分がwould be affectedです。ちなみに、この文章でallを入れられる箇所は2つ。allの位置で少しだけ意味が変わってきます。would all be affected：飲料というカテゴリーの中の全てのもの／would be all affected：soft drinks, juices, yogurt drinks... という個別の例に焦点を当てた上での全ての飲料、というように少しニュアンスが異なります。

G3 ▶ new regulation「新しい規制」は1文目で話していることに関連しているので「その新しい規制」という意味ですね。定冠詞theが入ると考えながら書き取りましょう。

▌ 語彙 Vocabulary

V1 ▶ unhealthyは否定を表す接頭辞un＋healthyです。a healthyなどと聞こえても文法的に違和感を覚えたらaやanがunに聞こえている可能性を考えましょう。

▌ 発音 Pronunciation

P1 ▶ ban advertisementsはbanのnとadvertisementsのaが連結してbanadvertisementsとなるのでadvertisementsという単語に気づけないかもしれません。

P2 ▶ カタカナの「コンテンツ」に引っ張られないように。contentのoはShort Oなので「カンテン」のように聞こえます。単語の最後のtは脱落しほぼ聞こえません。

P3 ▶ coffeeのoもShort Oなので「コーヒー」ではなく「カーヒー」に聞こえます。

P4 ▶ affectとeffectは発音も似ていてネイティブでも混同しやすいことはUnit 29でもお伝えしましたね。affectは動詞、effectは名詞で使われることが多いです。

_____

_____

_____

_____

和訳　シンガポールは、糖度の高い不健康な飲み物の広告を禁止する、世界初の国となります。ソフトドリンクやジュース、ヨーグルトドリンクやインスタントコーヒーなどが、新しい規制の影響を受けることになります。

_____

ボキャブラリー

□ **ban** (v)：〜を禁止する
□ **sugar content** (n)：糖度、糖含量
□ **affect** (v)：〜に影響する、作用する
□ **regulation** (n)：規制、規則

テーマのコラム

シンガポールの糖尿病対策

シンガポール政府は、砂糖の含有量が一定量を超える飲料の広告を全面的に禁じる方針を発表しました。シンガポールでは糖尿病対策が喫緊の課題です。保健省の調べによると、18〜69歳の国民のうち、11％が糖尿病を抱えており、先進国の中ではアメリカに次ぐ最高水準です。中でも、少数派のインド系とマレー系の住民の間で特に深刻な問題となっているようです。

日本で食事中は緑茶やウーロン茶を飲むのが一般的ですが、シンガポールでは食事と一緒にコーラやフルーツジュースを飲みます。コンビニやスーパーでペットボトルのお茶を購入すると甘くてびっくりします。常夏の気候も影響しているのでしょうか。

STEP 6 **以下の矢印やハイライトを参考にスクリプトを音読し、単語や音のリズムを身につけましょう。発音できる音は聞き取れるようになります。**

①**Singapore** / will be / the first country / in the world ↑
to ②**ban** ③**advertisements** / for unhealthy drinks / with high sugar content. ↓
★**Soft drinks**, / **juices**, / ④**yogurt drinks**, / **and instant coffee** ↓
would all / be affected by / the new regulation. ↓

発音（単語）

① **Singapore** [ˌsɪŋəˈpɔː(r)] (**sin** ·ge ·por)
カタカナ「シンガポール」との差を出すにはアクセントの位置が大切です。語頭の第1音節にアクセントを置きます。また日本語の「シ」はshiに近いのでsiの発音になるように気をつけましょう。口を軽く閉じて横に広げながら舌先を下の前歯の裏にあてて息をはくように発音します。

② **ban** [ˈbæn] (ban)
bunの発音にならないようにa部分の音は「え」の口で横に開きながら「あ」を言うように発音します。

③ **advertisements** [ˌædvərˈtaɪzmənt] (ad ·vr ·**taiz** ·muhnt)
第3音節に第1アクセントがきます。第1音節のaは「え」の口で「あ」の音で、第2アクセントが置かれています。

④ **yogurt** [ˈjoɡərt] (**yow** ·grt)
カタカナの「ヨーグルト」だと思って聞いているとほぼ聞き取れないと思います。第1音節「ヨーゥ」にアクセントがあり、gurt部分は「ガrt」とほぼ子音部分しか聞こえないので「ヨーゥガ」のように聞こえます。

イントネーション

★ **Soft drinks, juices, yogurt drinks, and instant coffee**
andで並列されている4つの飲み物はSoft drinks, ↑juices, ↑yogurt drinks, ↑and instant coffee↓のようにイントネーションの上下をつけて発音しましょう。

複合名詞

sugar contentにはhighが修飾していることが伝わるように言いましょう。
(high) sugar content, soft drinks, yogurt drinks

41 Guinness World Records

DL-41

音声を聞きながら、STEP 1 から STEP 6 の順に進めてみましょう。音声はスロースピード 10回→ネイティブのナチュラルスピード3回の順に収録されています。

STEP 1 音声を聞いて聞き取れたキーワードを書いてみましょう。キーワードから連想して本文の内容を想像してみましょう。

_____

_____

_____

_____

STEP 2 最大10回まで音声を繰り返し再生し、聞こえた英文の英単語をできるだけ多く書き取ってみましょう。カタカナではなく全てアルファベットで！なぐり書きで構いません。

目安：TOEIC500点台レベル▶10回まで、TOEIC600点台レベル▶7回まで、TOEIC700点台レベル▶5回まで、TOEIC800点台レベル▶3回まで

_____

_____

_____

_____

STEP 3 書き取った英文を清書し、文法的に意味が通じるか確認しながら英文を見直してみてください。以下に見直しの際のポイントをあげているので、参考にしてみましょう。

_____

_____

_____

_____

- □ イタリック体に気づきましたか
- □ よく使われる表現・イディオムを書き取れましたか
- □ 1つの単語で様々な意味があることに気づきましたか
- □ 固有名詞がわかりましたか
- □ 連結によって文中で弱くなる音は書き取れましたか
- □ 数字は聞き取れましたか

答え合わせをし、正しく書き取れなかった部分を確認し、その原因を分析しましょう。

スクリプト＆解説

The 50-year-old G1*Friends* V1star, Jennifer Aniston, joined Instagram and P1accrued one million followers in just five hours and P216 minutes, V2setting a mark G2recognized by the V3Guinness World Records for the fastest time for an Instagram account to reach G3that milestone.

文法 Grammar

G1 ▶ スクリプトを見るとFriendsがイタリック体になっていますね。これは「友達」という意味ではなくアメリカで有名なテレビドラマの「フレンズ」のことなのです。書籍、雑誌、映画、ドラマなどのタイトル名はイタリック体、もしくは下線で表現します。

G2 ▶ recognizeは「認識する」という意味がよく知られているかもしれませんが、(be) recognized by〜「〜(人)に認められる」という意味です。recognized by the public「世間に認められる」のように使います。ちなみにrecogniseはイギリス英語でよく見られるスペルです。

G3 ▶ reach that milestoneでもreach the milestoneでもどちらでも文法的にOKです。あまりにも短い単語で聞き取りだけではどちらか判断できないですが意味は同じです。

語彙 Vocabulary

V1 ▶ 「星」という意味をすぐに浮かべてしまいますが、前後の文脈からその訳ではおかしいことに気づけるといいですね。ドラマの「スター」という意味です。

V2 ▶ set a mark「記録を残す」という意味のイディオムを覚えておきましょう。

V3 ▶ Guinness World Recordsは日本語でも「ギネス」でよく知られている固有名詞なのでこのまま丸々覚えましょう。

発音 Pronunciation

P1 ▶ 前のandとaccruedが連結して「アクルー」の「ア」があまり聞こえてこないで「クール」coolに聞こえてしまうかもしれません。

P2 ▶ 迷いがちな16と60ですが、sixteenはteenが伸びてアクセントが置かれます。

STEP 5　STEP 4 のスクリプトから和訳を書いて、意味を確認しましょう。ここでは訳すこと
で意味がしっかりと理解できているかを確認します。

_____
_____
_____
_____

和訳　50歳になる「Friends」のスター、ジェニファー・アニストンが、Instagramを始め
ました。彼女はわずか5時間16分で100万人のフォロワーを獲得し、Instagramのアカ
ウント100万人突破の最速の偉業を達成したとして、ギネス世界記録に認定されまし
た。

ボキャブラリー
□ **accrue** (v)：〔利益・結果が〕自然に増える
□ **milestone** (n)：画期的な出来事

テーマのコラム

インスタグラムのギネス記録
今までのフォロワー100万人突破の最速のギネス記録はメーガン元妃＆ハリー元
王子のアカウントで5時間45分でした。ジェニファーはその記録より30分も早い5
時間16分という驚異の数字を叩き出しました。

筆者もジェニファーのアカウントをフォローしていますが、すっぴんや昔の変顔画像
など、飾らない姿のセルフィーを投稿していて、好感度が上がりました。TVドラマの
フレンズにしてもジェニファーが出ているコメディー映画はどれも見ていて全力で
笑えます。それだけのコメディのセンスが彼女にはあるのでしょう。ぜひ、みなさんも
見てみてくださいね。

STEP 6 **以下の矢印やハイライトを参考にスクリプトを音読し、単語や音のリズムを身につけましょう。発音できる音は聞き取れるようになります。**

The 50-year-old / *Friends* star, / Jennifer Aniston, ↑
joined ①**Instagram** / and ②**accrued** / one million followers ↑
in just five hours / and ③**16 minutes**, ↓
setting a mark / recognized by / the Guinness World Records ↑
for the ★**fastest time** / for an Instagram account / to reach / that milestone. ↓

発音（単語）

① **Instagram** ['ɪnstəɡræm] (**in** st ɡram)
Instagramの省略形が最近使われ始めています。日本語の「インスタ」同様にInstaと書きますが、日本語とアクセントが違い、最初のIn「イン」にアクセントを置きます。

② **accrued** [əˈkruː] (uh **kroo**)
スペルから発音が推測しにくいかもしれません。語頭のaはあいまい母音なので上記の文章だとandとくっついてほぼ聞こえないかと思います。アクセントは第2音節です。

③ **16** [ˌsɪksˈtiːn] (siks **teen**)
sixteenとsixtyはアメリカ人同士でも混乱することが多々あり、気をつけて発音します。それでもネイティブ同士でも言い直したり聞き返したりしますので安心してください。

イントネーション

1文が長いので息継ぎのタイミングが難しく、リズムをつかみにくいでしょう。最初の3行をスクリプトの改行どおりに3分割にして読むと読みやすいはずです。特に、3行目の後半、... and 16 minutesのあとは意味の区切りとしても気持ち長めにポーズをとってもいいでしょう。

発音（連結）

★ **fastest time**
fastestの最後のtとtimeの語頭のtが重複して同化するので、ひとつtが脱落します。fastestimeのように発音します。

音声を聞きながら、STEP 1 から STEP 6 の順に進めてみましょう。音声はスロースピード 10回→ネイティブのナチュラルスピード 3回の順に収録されています。

STEP 1 音声を聞いて聞き取れたキーワードを書いてみましょう。キーワードから連想して本文の内容を想像してみましょう。

_____

_____

_____

_____

STEP 2 最大10回まで音声を繰り返し再生し、聞こえた英文の英単語をできるだけ多く書き取ってみましょう。カタカナではなく全てアルファベットで!なぐり書きで構いません。

目安：TOEIC500点台レベル▶10回まで、TOEIC600点台レベル▶7回まで、TOEIC700点台レベル▶5回まで、TOEIC800点台レベル▶3回まで

_____

_____

_____

STEP 3 書き取った英文を清書し、文法的に意味が通じるか確認しながら英文を見直してみてください。以下に見直しの際のポイントをあげているので、参考にしてみましょう。

_____

_____

_____

- □ 所有格のSは書き取れましたか
- □ 大文字・小文字の区別はできましたか
- □ よく使われる表現・イディオムを書き取れましたか
- □ 前置詞の用法を理解して書き取れましたか
- □ 挿入語（句）に気づき、文の構造を理解できましたか
- □ 数字は聞き取れましたか

スクリプト＆解説

$_{V1}$Reese's Peanut Butter Cups are $_{G1}$Americans' number one $_{G2}$Halloween candy choice, according to $_{G3}$a survey $_{G4}$of $_{P1}$1,161 adults over age $_{P2}$18. It turns out that the combination of peanut butter and chocolate $_{G5}$is popular.

文法 Grammar

G1▶ Americans'のアポストロフィの位置に気をつけます。「アメリカ人（にとって）の人気ナンバーワンのキャンディ」という意味のアメリカ人は複数のはずなのでアポストロフィは最後に置きます。

G2▶ Halloweenは固有名詞なので大文字です。

G3▶ according to the surveyという言い回しがよく使われるのでついついtheを書き取ってしまいがちですが、上記の文脈では初めて出てきているのでaを使いましょう。

G4▶ 「1,161人の18歳以上を**対象とした**調査」の「を対象とした」に当たるofです。

G5▶ 音だけ追っているとisは聞こえないと思いますが、このような長めのセンテンスで聞こえない音が出てきて意味の理解に苦しんだら、形容詞などを落として文を簡単にしてみると文の骨格が見えてきます。ここではthe combination is popular.となりますね。したがってthat以下の文中の動詞はisだとわかります。

語彙 Vocabulary

V1▶ Reese'sのように屋号は's で表すことが多いです。例えば、McDonald'sやDomino'sなどです。

発音 Pronunciation

P1▶ 1,161 の読み方は2通りあり、One thousand one hundred sixty one と忠実に数字を読む方法とEleven hundred sixty one（11×100と61）という数字の読み方があります。アメリカ人は数字が苦手で引き算が得意ではないので基本的に足し算思考になります。

P2▶ eighteenとeightyの差をしっかり聞き取りましょう。後ろの母音の長さとアクセントでeighteenを判断します。

_____

_____

_____

_____

和訳　1,161人の18歳以上を対象とした調査によると、Reese's Peanut Butter Cups
はアメリカで人気ナンバーワンのハロウィンキャンディーです。ピーナッツバターとチョコ
レートの組み合わせが人気であるということが明らかになりました。

ボキャブラリー

□ **Reese's** (n)：　リーセズ（ピーナッツバターをHersheyのミルクチョコレートで包んだキャン
ディーバー。正確にはbar状でなく、四角いカップへ流し込んであるため、
Peanut Butter Cupsと呼んでいる）

テーマのコラム

ピーナッツバターの楽しみ方、いろいろ

大半のアメリカ人が大好きなピーナッツバター。筆者は瓶に指を突っ込んで舐めて
食べていました（笑）。

ピーナッツバターとブルーベリージャムのサンドイッチ
は子どもたちの定番のランチメニューです。セロリス
ティックにピーナッツバターを塗ってレーズンをのせ
るとヘルシーなおやつになります。パンに塗るだけ
でなく、様々なお菓子にも使われています。チョコの
カップにピーナッツバターを忍ばせたのがピーナッツバ
ターカップというお菓子です。

STEP 6 **以下の矢印やハイライトを参考にスクリプトを音読し、単語や音のリズムを身につけましょう。発音できる音は聞き取れるようになります。**

Reese's Peanut Butter Cups / are Americans' / number one / Halloween candy choice, ↓

according to / a survey / of 1,161 adults / over age 18. ↓

It turns out that / the ①**combination** of / peanut butter / and ②**chocolate** / is ③**popular**. ↓

発音（単語）

① **combination** [ˌkɑːmbɪˈneɪʃ(ə)n] (kaam ·buh ·**nei** ·shn)
語頭のcomはShort Oです。「コ」ではなく「カ」に近い音で発音します。

② **chocolate** [ˈtʃɑːklət] (**chaa** ·kluht)
カタカナの「チョコレート」よりも語頭のchoは「チャ」に近い、Short Oで発音します。またアクセントが語頭にあり、lateはカタカナでは「レート」と伸ばしますが、伸ばさず「ラト」のように短く発音します。カタカナとは発音が思っている以上に違うので気をつけましょう。

③ **popular** [ˈpɑːpjʊlə(r)] (**paa** ·pyuh ·lr)
これもカタカナで日本語にも浸透してきている単語ですが、カタカナの「ポピュラー」と違い、語頭のpoは「パ」に近いShort Oで発音します。

日本語のカタカナとは発音やアクセントが異なる単語が続くので、カタカナ英語にならないようにするためのいい練習になるでしょう。

複合名詞

1文目の最初は複合名詞が続くので意識して、読んでみましょう。Reese's Peanut Butter CupsはReeseさん（酪農家さんの名前）が作ったPeanut Butter CupsなのでReese'sのあとで一回小休止を入れます。

Reese's Peanut Butter Cups, number one, Halloween candy choice, peanut butter

43 Education

音声を聞きながら、STEP 1 から STEP 6 の順に進めてみましょう。音声はスロースピード10回→ネイティブのナチュラルスピード3回の順に収録されています。

STEP 1　音声を聞いて聞き取れたキーワードを書いてみましょう。キーワードから連想して本文の内容を想像してみましょう。

_____

_____

_____

_____

STEP 2　最大10回まで音声を繰り返し再生し、聞こえた英文の英単語をできるだけ多く書き取ってみましょう。カタカナではなく全てアルファベットで！なぐり書きで構いません。

> 目安：TOEIC500点台レベル ▶ 10回まで、TOEIC600点台レベル ▶ 7回まで、
> TOEIC700点台レベル ▶ 5回まで、TOEIC800点台レベル ▶ 3回まで

_____

_____

_____

_____

STEP 3　書き取った英文を清書し、文法的に意味が通じるか確認しながら英文を見直してみてください。以下に見直しの際のポイントをあげているので、参考にしてみましょう。

_____

_____

_____

- □ 複数形のSは書き取れましたか
- □ 音が弱い機能語を文法的に判断できましたか
- □ よく使われる表現・イディオムを書き取れましたか
- □ 複合名詞・形容詞に気づきましたか
- □ カタカナにした時に似た発音を聞き分けられましたか

答え合わせをし、正しく書き取れなかった部分を確認し、その原因を分析しましょう。

スクリプト&解説

A school in India facing persistent cheating on examinations v1came up with a solution. They v2asked students to wear v3cardboard G1boxes on their heads. The front of the boxes had been cut out, allowing students to see their desks G2and exam p1sheets but v4restricting their vision.

文法 Grammar

G1▶ 学生は複数いるのでその学生たちが被る箱の数も複数になり、boxesと複数形になります。Theyやtheirが聞き取れていたら、ここの複数形にも気づけますね。

G2▶ inやandの発音は両方とも機能語で弱く発音されると、/n/と聞こえ、音が似ています。しかし文法的に考えればandしかないとわかります。

語彙 Vocabulary

V1▶ come up with〜「〜(考えなど)を思いつく」というイディオムです。up with部分の発音が弱いので音だけ追っていると聞き取りにくいかもしれませんね。

V2▶ askの過去形askedは(askt)という発音になります。さらに、(askt)のsktの音とstudentsの(stu)がくっつきasstudentsというような音に聞こえます。この音が聞こえた時にasked studentsだと因数分解できるように慣れておきたいですね。

V3▶ cardboard boxesで「段ボール箱」の意味ですが、間のboardが聞き漏れがちです。アクセントがcardにあり、boardのあとに語頭が同じ音のboxが続くので音を追うのについていけなくなってしまうのでしょう。

V4▶ restrict「制限する」という動詞です。ここではallowingと合わせて、ing形になっています。名詞はrestrictionです。このように語彙力を増やしていきましょう。

発音 Pronunciation

P1▶ sheets と seatsが混在しないようにしましょう。sheetのほうが口を四角くするようにとがらせて発音するshの音があるので出てくる息が強く吐き出されているように聞こえるはずです。siとshiの発音の違いはUnit 32でも触れましたね。

STEP 4 のスクリプトから和訳を書いて、意味を確認しましょう。ここでは訳すことで意味がしっかりと理解できているかを確認します。

_____

_____

_____

_____

和訳 試験中のカンニングがなくならないことに直面しているインドの学校が、解決策を見出しました。生徒に、頭から段ボールをかぶってもらうのです。箱の前面は切り取られていて、生徒は机と問題用紙は見えて、視界が制限されます。

ボキャブラリー

□ **persistent** (adj)：しつこい、絶えない
□ **solution** (n)：解決策
□ **restrict** (v)：〜を制限する

テーマのコラム

ひょう窃という罪

アメリカの大学では試験のカンニングより厳しく取り締まられるのがPlagiarism（ひょう窃）です。ひょう窃とは他人の著作から部分的に文章、語句、思想などを盗み、自分のものとして発表することを言います。レポートやエッセーを提出する際、一緒に「これは私が自分で書き上げました」という宣誓の文言に直筆サインをしていました。学生が書籍やインターネットからまるまる文章をコピペしてレポートを提出するという行為は厳しく取り締まられていました。

あくまでも個人的な意見ですが日本には昔から本歌取りや模倣の文化があり、ひょう窃に対する罪悪感がそもそも希薄なような気がします。一方でアメリカでは著作権を守る、著作物を守るという体制が非常に厳しくなっています。クリエイティブな人、創造する人を慮るカルチャーがあります。

発音ポイント

STEP 6 以下の矢印やハイライトを参考にスクリプトを音読し、単語や音のリズムを身につけましょう。発音できる音は聞き取れるようになります。

A school / in India / facing / ①**persistent** cheating / on examinations / came up / with a solution. ↓

They ★**asked** / **students** / to wear / cardboard boxes / on their heads. ↓

The front / of the boxes / had been / cut out, ↓

②**allowing** students / to see / their desks / and exam sheets ↑

but restricting / their vision. ↓

発音 (単語)

① **persistent** [pə(r)ˈsɪstənt] (prˈsi stnt)

第2音節にアクセントがきます。またsiの音に注意。日本語の「シ」はshiに聞こえてしまうので、唇に力を入れて口をとがらせないように発音しましょう。どちらかというと口を横に開き気味にして舌を下の前歯の歯茎にあてるようにsiを発音します。

② **allow**(ing) [əˈlaʊ] (uh ˈlaw)

アクセントは語末で、llow部分は「ロウ」よりも「ラウ」に近い音になります。文中ではing形で、gの音を脱落して発音しましょう。

発音 (連結)

★ **asked students**

STEP 4 でも触れましたが子音が続いているのでaskedの後半/skt/とstudentsの前半/stu/を繋げてasstudentsのように発音してみましょう。

イントネーション

5行目allowing students to see...以降が長いので、スクリプトの改行通りbutの前の...and exam sheetsの前までとbut restricting... 以降で2分割すると読みやすくなります。

複合名詞

以下2つの複合名詞が出てきました。cardboard boxesはSTEP 4 でも触れているように聞き取りにくい音でcardboard boxesはcardboardそのものも複合名詞なので、より発音とリズムが難しいでしょう。

cardboard boxes, exam sheets

 # Automobiles

DL-44

音声を聞きながら、STEP 1 から STEP 6 の順に進めてみましょう。音声はスロースピード10回→ネイティブのナチュラルスピード3回の順に収録されています。

STEP 1 音声を聞いて聞き取れたキーワードを書いてみましょう。キーワードから連想して本文の内容を想像してみましょう。

STEP 2 最大10回まで音声を繰り返し再生し、聞こえた英文の英単語をできるだけ多く書き取ってみましょう。カタカナではなく全てアルファベットで！なぐり書きで構いません。

目安：TOEIC500点台レベル ▶ 10回まで、TOEIC600点台レベル ▶ 7回まで、
TOEIC700点台レベル ▶ 5回まで、TOEIC800点台レベル ▶ 3回まで

STEP 3 書き取った英文を清書し、文法的に意味が通じるか確認しながら英文を見直してみてください。以下に見直しの際のポイントをあげているので、参考にしてみましょう。

- ☐ 修飾している部分に気づき、文構造を理解できましたか
- ☐ 音が弱い機能語を文法的に判断できましたか
- ☐ 前置詞の用法を理解して書き取れましたか
- ☐ 1つの単語で様々な意味があることに気づきましたか
- ☐ 接頭辞+単語の組み合わせの単語がわかりましたか
- ☐ 連結は書き取れましたか

スクリプト＆解説

As cars become smarter and safer, some members of Congress ᴘ1want to require them ᴘ2to be built to prevent drunk driving. A ɢ1newly introduced ᴠ1bill would make it mandatory for all new cars and trucks to come ɢ2loaded with passive, virtually ᴠ2unnoticeable, alcohol detection systems ɢ3by 2024.

文法 Grammar

G1 ▶ newly introduced「新たに導入された」がbillを修飾しています。A newlyと、文頭に副詞がきているので聞き取りにくいかもしれません。例えば、newly built house「新しく建てられた家」のように使います。

G2 ▶ load with〜「〜に搭載されている、積まれている」という意味。withの発音が「ウィ」と短い音で聞き取りにくいでしょう。virtually unnoticeableが「ほぼほぼ気づかないような」という意味（形容詞unnoticeableをvirtuallyが修飾）で、alcohol detection systemsを修飾しています。さらにwithのあとのpassiveという形容詞も、alcohol detection systemsを修飾しています。

G3 ▶ by 2024「2024年まで」のように「前置詞by＋年号」で「○○年までには」という意味になります。untilは「〜まで（ずっと）」でニュアンスが違うので注意です。

語彙 Vocabulary

V1 ▶ billは「紙幣、札」の意味がよく知られていますが「法案」という意味もあります。

V2 ▶ un「否定を表す接頭辞」＋notice「気づく」＋able「〜できる」で成り立っているとわかると、この単語そのものを知らなくても意味が推測できるはずです。

発音 Pronunciation

P1 ▶ want toはwannaのように短く発音されることが多くあります。wantのtとtoのtがくっついて飲み込むようなnの音になり、最後のoがはっきり発音されないのでwannaのように聞こえるのです。最近はそのままwannaと表記することもあります。

P2 ▶ to be builtのto beは短く「トゥビ」のように聞こえます。ここの意味がわかりにくかったかもしれませんが、to be builtの前のthem＝carsでmembers of Congress want to require manufactures to build cars to prevent drunk driving. のmanufacturersの部分を隠すために受け身の文章構造にしています。

| 和訳 | 車がより有能、かつ安全になるにつれて、一部の国会議員は飲酒運転を防ぐことができる車を可能にしたいと考えています。新たに導入された法案により、2024年までに製造される全ての自動車とトラックに、実質気づかない程度の受動的なアルコール検知システムの搭載を義務付けました。

ボキャブラリー

□ **Congress** (n)：〔（特に）アメリカ合衆国<連邦>〕議会、国会
□ **mandatory** (adj)：義務的な、強制の、必須の
□ **passive** (adj)：受動的な
□ **virtually** (adv)：事実上の、実質的には
□ **unnoticeable** (adj)：目立たない
□ **detection** (n)：探知、発覚、検出

テーマのコラム

アメリカでの飲酒運転
飲酒運転のことを英語ではdrunk drivingと言います。飲酒運転で捕まるとI got a DUI.と言います。DUIはDriving Under the Influence の頭文字からきています。直訳すると「影響の下での運転」となります。「何らかの影響下」なのでDUIにはアルコールに限らず薬物も含まれます。この表現からもアメリカでのマリファナなどの薬物の浸透度合いがわかります。

STEP 6　以下の矢印やハイライトを参考にスクリプトを音読し、単語や音のリズムを身
につけましょう。発音できる音は聞き取れるようになります。

As cars / become / smarter and safer, ↑
some members of ①**Congress** / want to / require them / to be built / to prevent
/ drunk driving. ↓
A newly / introduced bill / would make it / ②**mandatory** ↑
for all / new cars / and trucks / to come loaded with ↑
★**passive**, / ③**virtually unnoticeable**, / **alcohol** ④**detection systems** / **by 2024**. ↓

発音（単語）

① **Congress** [ˈkɑːŋɡrəs] (**kaang** ·gruhs)
語頭のConはShort Oなので「カン」に近い音になります。また上記の文のように「アメリ
カ合衆国の議会」を表す時はCongressと語頭のCを大文字にしますので書き取りの際
は注意しましょう。

② **mandatory** [ˈmændətɔːri] (**man** ·duh ·taw ·ree)
比較的発音の通りのスペルなので書き取りはできた方が多いかもしれません。発音の
際は語頭のmanの母音に気をつけるといいでしょう。「え」の口で少し横に開きながら
「あ」の音を出しながらmanを発音しましょう。

③ **virtually** [ˈvɜːrtʃuəli] (**vur** ·choo ·uh ·lee)
「事実上、実質的には」という意味の副詞です。語頭にアクセントを置きます。unnoticeable
を修飾しているのでvirtually unnoticeableを一息でさらっと言えるといいですね。

④ **detection** [diˈtekʃən] (duh ·**tek** ·shn)
第2音節にアクセントを置きます。語頭のdeは「デ」ではなく「ディ」に近い音です。

イントネーション

★ **passive, virtually unnoticeable, alcohol detection systems**
passive, ↑ virtually unnoticeable, ↑ alcohol detection systems ↓のようにwith以
降、2つ目のカンマまではイントネーションを上げ、最後のalcohol detection systems以
降を下げて読みます。

複合名詞

drunk driving, alcohol detection systems

45 China Wealth

DL-45

音声を聞きながら、STEP 1 から STEP 6 の順に進めてみましょう。音声はスロースピード
10回→ネイティブのナチュラルスピード3回の順に収録されています。

STEP 1 音声を聞いて聞き取れたキーワードを書いてみましょう。キーワードから連想し
て本文の内容を想像してみましょう。

_____

_____

_____

_____

STEP 2 最大10回まで音声を繰り返し再生し、聞こえた英文の英単語をできるだけ多く
書き取ってみましょう。カタカナではなく全てアルファベットで！なぐり書きで構いません。

┌───┐
　目安：TOEIC500点台レベル ▶ 10回まで、TOEIC600点台レベル ▶ 7回まで、
　TOEIC700点台レベル ▶ 5回まで、TOEIC800点台レベル ▶ 3回まで
└───┘

_____

_____

_____

_____

STEP 3 書き取った英文を清書し、文法的に意味が通じるか確認しながら英文を見直し
てみてください。以下に見直しの際のポイントをあげているので、参考にしてみましょう。

_____

_____

_____

☐ 定冠詞と不定冠詞の使い方は理解していますか
☐ よく使われる表現・イディオムを書き取れましたか
☐ 固有名詞がわかりましたか
☐ 脱落する音は書き取れましたか
☐ 数字は聞き取れましたか

STEP 4 **答え合わせをし、正しく書き取れなかった部分を確認し、その原因を分析しましょう。**

スクリプト&解説

China has **v₁**overtaken America as the home of **G₁**the highest number **G₂**of rich people in the world. There are **P₁**100 million Chinese among the richest **P₂**10% **G₃**of people in the world, compared to **P₃**99 million Americans, **v₂**Credit Suisse found in its latest annual wealth survey.

文法 Grammar

G1 ▶ highest numberという最上級なのでtheがつきます。音として聞き取りにくくても前後の文脈を見直して最上級のhighestに気づくと書き取れるでしょう。

G2 ▶ number of rich peopleで「裕福な人の数」です。その数が多いことを表す時、high number of〜で「多数の〜」と言うことができます。それがわかると聞き取りにくいofの音も書き取れます。

G3 ▶「世界で最も裕福な上位10%」はthe richest 10% of people in the worldと表現できます。the richest 10%という語順がポイントですね。ofがほぼ聞こえないと思いますがこの語順での表現を覚えておくと文脈からofが書き取れます。

語彙 Vocabulary

V1 ▶ overtake「追い越す」という動詞です。overだけはっきり聞き取れて前置詞だと勘違いするとその後が聞き取れなくなるので語彙力を増やしておきましょう。

V2 ▶ Credit Suisse「クレディ・スイス」はチューリッヒに本社を置くユニバーサル・バンクです。グローバルに大規模な事業展開をする欧州系投資銀行の一角を成しています。

発音 Pronunciation

P1 P3 ▶ 100 million=one hundred/a hundred millionと読みます。**P3**は99 million=ninety nine millionと読みます。

P2 ▶ %はper centと発音します。カタカナの「パーセント」ほどperを伸ばして発音しません。また、tがほぼ聞こえないので「パース」のように聞こえるかもしれません。

和訳 中国の富裕層の人数が初めてアメリカを上回り、世界で最も富裕層の多い国となりました。クレディ・スイスが毎年実施している保有資産に関する最新の調査によると、世界で最も裕福な上位10%に入る中国人は1億人を数え、アメリカの9,900万人を上回りました。

ボキャブラリー

- **overtake** (v)：〜に追いつく、追い越す
- **compared to〜** ： 〜と比べると、〜に対して

テーマのコラム

今や、日本は物価の安い国
日本はディズニーランドの入場券や100円ショップの価格が中国や東南アジアよりも安いというある新聞の記事がありましたが、いつの間にか日本は「安い国」に成り下がってしまいました。

筆者自身、ここ数年、海外旅行に出かける度に食事やスーパーに行くと、食料品などの日常品の値段の高さに驚きます。移動のタクシーや公共交通の値段も毎回負担に感じます。趣味のゴルフも日本でラウンドしているほうが安いというのが最近の感覚です。

1980年代は「日本は物価が高すぎて外国人はビジネス以外には来られない」が常識でしたが、いまや香港やシンガポール、上海や北京の女性たちが、「日本は物価が安い」といって弾丸旅行で東京にやってきて買い物をしています。今、日本はインバウンド需要に沸いていますが、訪日客が増える一番の理由は日本の物価が安いからのような気がします。

STEP 6　以下の矢印やハイライトを参考にスクリプトを音読し、単語や音のリズムを身につけましょう。発音できる音は聞き取れるようになります。

China / has overtaken / America / as the home of ↑
the highest number / of rich people / in the world. ↓
★There are / 100 million / Chinese ↑
among the richest / ①**10%** of people / in the world, ↓
compared to / 99 million / Americans, ↓
②**Credit Suisse** / found / in its latest / ③**annual** wealth survey. ↓

発音（単語）

① **10%** [ten pər'sent] (ten pr **sent**)
%はper centと発音します。perは短く、centは単語の最後のtが脱落するので「パース」のように発音しましょう。カタカナの「パーセント」のように発音すると通じません。

② **Credit Suisse** ['kredɪː swɪs] (**kreh** ·di swis)
Credit Suisse「クレディ・スイス」と発音します。固有名詞なので最初は発音できなくても全く問題ありません。

③ **annual** ['ænjuəl] (**an** ·yoo ·uhl)
語頭にアクセントを置き、語頭のaは「え」の口で「あ」と言いましょう。

イントネーション

★　3行目から6行目にあたる2文目は長い文章なので意味を考えて、5~10単語の大きめのチャンクに分けていくのがポイントです。そうすると相手にしっかり内容を伝達することができます。息継ぎも楽になります。スクリプトにある改行のとおりに息継ぎをして読んでみましょう。

複合名詞

この文ではあまり複合名詞は登場してきていませんね。
wealth surveyのwealthの最後のthは発音を諦めるようにして発音しましょう。thをはっきり発音しようとしすぎると、次のsurveyの/s/の音を出しにくくなります。
wealth survey

YouTube

DL-46

音声を聞きながら、STEP 1 から STEP 6 の順に進めてみましょう。音声はスロースピード 10回→ネイティブのナチュラルスピード3回の順に収録されています。

STEP 1 音声を聞いて聞き取れたキーワードを書いてみましょう。キーワードから連想して本文の内容を想像してみましょう。

_____

_____

_____

STEP 2 最大10回まで音声を繰り返し再生し、聞こえた英文の英単語をできるだけ多く書き取ってみましょう。カタカナではなく全てアルファベットで!なぐり書きで構いません。

> 目安：TOEIC500点台レベル▶10回まで、TOEIC600点台レベル▶7回まで、
> TOEIC700点台レベル▶5回まで、TOEIC800点台レベル▶3回まで

_____

_____

_____

STEP 3 書き取った英文を清書し、文法的に意味が通じるか確認しながら英文を見直してみてください。以下に見直しの際のポイントをあげているので、参考にしてみましょう。

_____

_____

_____

□ 挿入語（句）に気づき、文の構造を理解できましたか

□ よく使われる表現・イディオムを書き取れましたか

□ 音が弱い機能語を文法的に判断できましたか

□ 複合名詞・形容詞に気づきましたか

□ 大文字・小文字の区別はできましたか

□ 固有名詞がわかりましたか

□ カタカナ発音と違う音は書き取れましたか

答え合わせをし、正しく書き取れなかった部分を確認し、その原因を分析しましょう。

スクリプト＆解説

The **V1** **P1**highest-earning **V2**YouTube star in the world is **G1**a child **G2**in elementary school. He **G3**has generated 22 million dollars in **P2**revenue by **P3**reviewing new toys.

文法 Grammar

G1 ▶ aが聞き取りにくいうえに、主語が長いので書き取った文を見直してもaの有無がわかりにくいですが、The highest-earning YouTube star in the world=HeなのでHe is a child.と文章をシンプルにしてみると不定冠詞のaが必要なのが見えてきますね。

G2 ▶ be in schoolもbe at schoolも表現として使われます。at schoolは「物理的に学校にいる」という意味で、in schoolは「在学している」という意味になります。ここではbe at schoolよりもbe in elementary school「(YouTuberは)小学生である」が文脈として適切とわかりますね。

G3 ▶ has generatedのhasは聞き取りにくいですがgenerate(d)が過去分詞であると文脈としても気づくとhasが書き取れます。generateはX is generated.「Xが生み出される」のように受動態で使われることも多いことも覚えておきましょう。

語彙 Vocabulary

V1 ▶ highest-earningは複合形容詞です。YouTube starにかかっている複合形容詞だと気づき、見直す時に「ハイフン」を書き取れるといいですね。

V2 ▶ YouTubeのスペルと大文字にするべきところに注意です。他にも間違いやすい固有名詞にPayPalがあります。これは固有名詞なので大文字・小文字表記もあわせて覚えておきましょう。

発音 Pronunciation

P1 P2 P3 ▶ いずれもカタカナ英語発音から脱却しましょう。earningは「アーン」や「アーニング」のようなカタカナではなく、しっかりrの舌を巻いた状態で発音されています。revenueも同じように「レベニュー」ではなく頭のrの音を出す時に舌がしっかり巻かれています。reviewing「レビュー」もよく使われるカタカナですがアクセントが後ろにあるのでreがほぼ聞こえず、聞き取りで混乱するかもしれません。

和訳 世界で最も稼いでいるYouTuberはなんと小学生です。彼は新しいおもちゃを評価することで、2,200万ドルもの収益をあげました。

ボキャブラリー

□ **generate** (v)：〜を生成する、引き起こす
□ **revenue** (n)：収入

テーマのコラム

YouTuberという仕事

今では小学生のなりたい仕事にトップでランクインするユーチューバーという仕事ですが、その平均収入はGoogleの発表によると800万円だそうです。ユーチューバーは広告収入で稼いでいます。自らの動画に広告枠を設定し、その動画の再生回数に応じて収入額が変動するそうです。1再生あたり0.1円が基準額のようです。

フォーブスの「YouTuber上位収入ランキング」の上位10人の世界ランキングを見ると、子ども向け動画が上位を席巻していることに気づきます。子ども番組は全体に占める数は多くないものの、視聴回数が他の番組より多いことがわかってきたようです。

STEP 6 **以下の矢印やハイライトを参考にスクリプトを音読し、単語や音のリズムを身につけましょう。発音できる音は聞き取れるようになります。**

The highest-①**earning** / YouTube ②**star** / in the world / ★1 **is a child** /★2 **in elementary** school. ↓

He has ③**generated** / 22 million dollars / in ④**revenue** / by reviewing / new toys. ↓

発音（単語）

① **earning** [ˈɜːrnɪŋ] (**ur**・nuhng)
earningの語頭のerの音は、しっかりrの舌を巻いて発音しましょう。

② **star** [stɑːr] (staar)
starのtaはShort Oできれいに「あ」と言いながら口を縦に開いて発音します。そのあと舌を巻き込んでrを発音するとカタカナ英語には聞こえません。taもrも同じ程度はっきりと発音することを意識しましょう。rの部分は舌を巻いて発音すれば英語っぽいと勘違いしている方も多く、やたら舌を巻く方も多いのですがrを意識しすぎて舌を巻きすぎても次の音が発音しにくくなるので適度にしましょう。

③ **generated** [ˈdʒenəreɪt] (**jeh**・nr・eit)
ジェネレーションというカタカナに引きずられがちですが、アクセントが語頭にあることを注意すればきちんと英語の発音として聞き取ってもらえますよ。

④ **revenue** [ˈrevənjuː] (**reh**・vuh・noo)
アクセントのある第1音節は「レ」に近い音で言いましょう。第3音節のnueは「ヌー」でも「ニュー」でもどちらの発音でも問題ありません。

発音（連結）

★1 **is a child**　★2 **in elementary**
★1はisのsとaが連結して、/iza/のように聞こえます。★2もinのnとelementaryの語頭のeが連結して、inelementaryとなります。

複合名詞・形容詞

highest-earning, YouTube star, elementary school

Medicine

DL-47

音声を聞きながら、STEP 1 から STEP 6 の順に進めてみましょう。音声はスロースピード10回→ネイティブのナチュラルスピード3回の順に収録されています。

STEP 1 音声を聞いて聞き取れたキーワードを書いてみましょう。キーワードから連想して本文の内容を想像してみましょう。

_____

_____

_____

_____

STEP 2 最大10回まで音声を繰り返し再生し、聞こえた英文の英単語をできるだけ多く書き取ってみましょう。カタカナではなく全てアルファベットで!なぐり書きで構いません。

目安:TOEIC500点台レベル▶10回まで、TOEIC600点台レベル▶7回まで、
TOEIC700点台レベル▶5回まで、TOEIC800点台レベル▶3回まで

_____

_____

_____

_____

STEP 3 書き取った英文を清書し、文法的に意味が通じるか確認しながら英文を見直してみてください。以下に見直しの際のポイントをあげているので、参考にしてみましょう。

_____

_____

_____

_____

- □ 音が弱い機能語を文法的に判断できましたか
- □ 所有格のSは書き取れましたか
- □ 専門用語など聞きなれない単語を聞き取れましたか
- □ よく使われる単語を書き取れましたか
- □ スペルと違う音をきちんと書き取れましたか(Silent B)
- □ Short Oでカタカナ英語と違う音は書き取れましたか

214

答え合わせをし、正しく書き取れなかった部分を確認し、その原因を分析しましょう。

スクリプト & 解説

A study has found that patients can pick up on P1subtle facial V1cues G1from doctors that V2reveal the G2doctor's belief in how effective a treatment will be. The P2optimism or pessimism in a doctor's expression can P3impact the G3patient's treatment outcome.

文法 Grammar

G1 ▶ facial cuesを出しているのは（誰のfacial cuesなのかは）doctorsです。fromは、機能語で聞き取りにくい前置詞ですが直訳は「医師からの微妙な表情の合図」、つまり「医師の微妙な表情」という意味になるようにfromを書き取りましょう。ofも文法的には通じますが、fromのほうが「医師が能動的にその微妙な表情を発信している」というニュアンスがでます。

G2 G3 ▶ doctor'sの「所有格のs」はアポストロフィを忘れないように。「医者の信念」という意味です。patient'sの所有格のsも同じで「患者の治療結果」という意味から所有格のsであると考えて書き取りましょう。

語彙 Vocabulary

V1 ▶ cueは「合図、きっかけ、手がかり」という意味。テレビで使われる「キュー」「キュー出し」などの表現もこの単語からきています。cue from〜で「〜からの合図」。

V2 ▶ revealは「漏らす、明かす、暴露する」という意味の動詞。名詞も動詞も同じスペルで同じ発音です。
Ex) They **revealed** the new product at the press conference. 「彼らは報道会見で新商品を明かした」

発音 Pronunciation

P1 ▶ subtleとは「微妙な、微細な、緻密な」という意味の形容詞。音から推測すると発音しないb、Silent bを書き落としてしまいます。スペルに迷うので覚えておきましょう。
Ex) His **subtle** facial expressions made it hard to read his emotions. 「彼の微妙な表情からは感情を読み取るのが難しい」

P2 ▶ カタカナの「オプティミズム」とは異なり、冒頭のoはShort Oで「あ」に近いです。

P3 ▶ カタカナの「インパクト」とは異なる発音で、paの部分にアクセントが入り、最後のtの音が脱落して、ほぼ聞こえません。

_____

_____

_____

_____

和訳　ある研究によると、患者は医師の微妙な表情を読み取ることができ、その表情から、治療がどの程度効果的なのか判断しているようです。楽観的にせよ悲観的にせよ、医師の見せる表情は、患者の治療結果に影響を与える可能性があります。

ボキャブラリー

☐ **subtle** (adj)：微妙な
☐ **facial cue** (n)：表情
☐ **reveal** (v)：〜を明かす、あらわにする
☐ **optimism** (n)：楽観主義
☐ **pessimism** (n)：悲観主義
☐ **outcome** (n)：結果

テーマのコラム

アメリカの医療制度

アメリカで病気になったら、まず会いに行くのがファミリードクター。多くの場合、家族全員が子どもの頃からお世話になっていて、みんなの成長を見守ってくれている存在という位置づけです。

ドクターズオフィスは、小さな診療室がある程度で入院施設や特殊な医療機器などは置かれていないことがほとんどです。そこは全般的な診療を行う場所で、精密検査、入院、手術などが必要と判断されると総合病院を紹介されます。入院する場合、日本に比べると比較的短期間で退院することが多いです。手術を行う場合も経過によっては次の日に帰宅できることさえあります。出産後であっても2、3日後に帰宅できるのが一般的です。

STEP 6 以下の矢印やハイライトを参考にスクリプトを音読し、単語や音のリズムを身につけましょう。発音できる音は聞き取れるようになります。

★1A study / has found ↓

that patients / can pick up on / ①subtle facial ②cues / from doctors ↑

that ③reveal the doctor's belief / in how effective / a treatment / will be. ↓

The ★2optimism / or pessimism / in a doctor's expression ↑

can impact / the patient's / treatment outcome. ↓

発音（単語）

① subtle [ˈsʌt(ə)l] (suh·tl)
Silent Bに注意。comb, climb, doubtなどスペルにbがあっても発音しない単語があります。書き取りの際は気をつけましょう。また第2音節のtleはDark Lなので、「トー」のように聞こえます。

② cues [kju:] (kyoo)
発音字体は難しくないですが、スペルと発音を一致させるのが難しいかもしれませんね。

③ reveal [rɪˈviːl] (ruh·veel)
RとLの音が入っているので少し発音が難しいかもしれません。またアクセントの位置も注意しましょう。アクセントのあるveal部分はvの音なので上の前歯を下唇にかるく当てながらふるわせるように/v/を出しましょう。

イントネーション

★1 1文目が長いのでスクリプトのようにthatで文章を区切っていくと発音しやすいでしょう。ただし、thatを意識しすぎてthatを強く言ってしまう方が多いのですが、あくまで分の意味としての区切りなのでthat以降の文章をスピードアップして読んでいくようにしましょう。

★2 optimism or pessimism
optimism ↑ or pessimism ↓ のようにorの前の単語のイントネーションを上げてorのあとの単語のイントネーションを下げるように言いましょう。

複合名詞

treatment outcome

DL-48

音声を聞きながら、STEP 1 から STEP 6 の順に進めてみましょう。音声はスロースピード 10回→ネイティブのナチュラルスピード3回の順に収録されています。

STEP 1 音声を聞いて聞き取れたキーワードを書いてみましょう。キーワードから連想して本文の内容を想像してみましょう。

_____

_____

_____

_____

STEP 2 最大10回まで音声を繰り返し再生し、聞こえた英文の英単語をできるだけ多く書き取ってみましょう。カタカナではなく全てアルファベットで！なぐり書きで構いません。

> 目安：TOEIC500点台レベル▶10回まで、TOEIC600点台レベル▶7回まで、
> TOEIC700点台レベル▶5回まで、TOEIC800点台レベル▶3回まで

_____

_____

_____

_____

STEP 3 書き取った英文を清書し、文法的に意味が通じるか確認しながら英文を見直してみてください。以下に見直しの際のポイントをあげているので、参考にしてみましょう。

_____

_____

_____

_____

☐ よく使われる表現・イディオムを書き取れましたか

☐ 文脈から適切な時制は選べましたか

☐ 音が弱い機能語を文法的に判断できましたか

☐ 品詞の用法を使い分けられていますか

☐ 連結は書き取れましたか

☐ 脱落する音は書き取れましたか

☐ カタカナ発音と違う音は書き取れましたか

STEP 4 **答え合わせをし、正しく書き取れなかった部分を確認し、その原因を分析しましょう。**

スクリプト&解説

P1In Iran, women have been G1banned from football stadiums. A female fan V1set herself on fire after being arrested for trying to go to a match V2disguised as a man. Her P2death caused grief G2and outrage. Now, FIFA has P3assured that Iranian women G3will be able to attend matches.

文法 Grammar

G1▶ 聞き取りにくいfromをbe banned from「～を禁じられた」というイディオムから推測して書き取ることと、have＋been＋過去分詞の形に気づくことがポイントです。
Ex) He **was banned from** driving because of his age.「彼は、年齢のせいで運転を禁じられました」

G2▶ andとinは文中で音が弱まり、/n/しか聞こえないので聞き取りが難しくがちです。ここではgrief and outrage（悲嘆と怒り）という並列する2つの名詞を結ぶandです。

G3▶ will be able to～「～することができるだろう」部分が非常に早く読み上げられるので聞き取りが難しいでしょう。attendという動詞の前に何かが聞こえる…と気づいたら、まず助動詞の可能性を文脈から疑ってみます。

語彙 Vocabulary

V1▶ set oneself on fire「焼身自殺する」というイディオムです。なかなか使わないイディオムですがニュースでは時々出てくるので覚えておきましょう。

V2▶ disguiseは名詞も動詞も同じスペルと発音ですので合わせて覚えておきましょう。

発音 Pronunciation

P1▶ In Iranの語順だと、inのnがIranのIに連結するので「ニラン」と聞こえるでしょう。文章の大事なヒントである「イラン」を聞き落としてしまいがちなので国名もひとつずつ慣れていきたいですね。

P2▶ deathのthはほぼ聞こえません。語末がthの単語は、特に文中で音が消えることが多いので、書き取りの時は文脈理解が重要になります。

P3▶ 「アシュア」とならないように、語末の/r/の音に気を付けます。

STEP 5　STEP 4 のスクリプトから和訳を書いて、意味を確認しましょう。ここでは訳すことで意味がしっかりと理解できているかを確認します。

_____

_____

_____

_____

_____

和訳　　イランでは、女性のサッカースタジアムへの入場が禁止されています。ある女性サッカーファンは、男装したうえで試合観戦を試みたものの後に逮捕され、焼身自殺をしました。彼女の死に、悲嘆と怒りが巻き起こりました。現在、FIFAはイランの女性たちが試合観戦できるよう、保証しています。

ボキャブラリー

- **set oneself on fire**：焼身（自殺）する
- **disguise** (v)：変装する
- **grief** (n)：深い悲しみ、絶望
- **outrage** (n)：憤り
- **assure** (v)：〜を保証する

テーマのコラム

世界の男女平等への考え方

イスラム教の女性たちの多くは全身を黒い布でまとっています。サウジアラビアでは2017年9月まで女性は自動車を運転することさえ認められていませんでした。そのうえ、一夫多妻制が認められている国が多いなどの印象があり、イスラム圏は男性優位なイメージを持っている方は多いと感じます。

しかし、実は男女平等ランキングで日本は153カ国中121位でアラブ首長国連邦（UAE）をも下回っていたのです。女性の政治参画が少ないと思われている中東やアフリカでも女性議員の数は日本よりも多い国はいくつもあります。このデータには驚きました。

STEP 6　以下の矢印やハイライトを参考にスクリプトを音読し、単語や音のリズムを身につけましょう。発音できる音は聞き取れるようになります。

In Iran, / women / ★1**have been banned** / from football stadiums. ↓
A female fan / ★2**set herself on fire** / after being ①**arrested** ↑
for trying / to go / to a match / ②**disguised** / as a man. ↓
Her death / caused grief / and outrage. ↓
Now, / FIFA has assured that / Iranian women / will be able / to attend matches. ↓

発音（単語）

① **arrested** [əˈrestɪd] (uh ·**restid**)
第2音節にアクセントを置きます。語頭のaはあいまい母音で、口の筋肉を弱めて発音しますのであまり聞こえない音になります。

② **disguised** [dɪsˈɡaɪzd] (duh ·**sgaizd**)
スペルだけ見ると発音を迷ってしまう人もいるかもしれませんがguiseは「ガイズ」(gaiz)と発音し、アクセントが置かれます。

発音（連結）

★1 **have been banned**
have been部分は(h)a be程度しか音が発音されません。have beenをきちんと発音しようとするとかえってリズムに乗って話すことができないので、音を諦めてha be bann(ed)と発音してみましょう。

★2 **set herself on fire**
set herself on fireをひとかたまりとして話すにはsetのtを脱落させます。またonもはっきりとnを発音しようとすると発音しにくくなるので、nは息を飲み込むような音だけ出せば十分です。

複合名詞

下の複合名詞は少し聞き取りにくかったでしょう。footballのballがbaが聞こえるかどうかくらいにしか発音されません。stadiumもカタカナ英語「スタジアム」の記憶に引っ張られてなかなか音が出てこなくなる人が多いのでこの発音も改めて覚えておきましょう。stadiumは[ˈsteɪdiəm] (**stei** ·dee ·uhm)でアクセントのあるstaは「スタ」ではなく「ステイ」。
football stadiums

Sunscreen

音声を聞きながら、STEP 1 から STEP 6 の順に進めてみましょう。音声はスロースピード
10回→ネイティブのナチュラルスピード3回の順に収録されています。

STEP 1 音声を聞いて聞き取れたキーワードを書いてみましょう。キーワードから連想し
て本文の内容を想像してみましょう。

_____

_____

_____

_____

STEP 2 最大10回まで音声を繰り返し再生し、聞こえた英文の英単語をできるだけ多く
書き取ってみましょう。カタカナではなく全てアルファベットで！なぐり書きで構いません。

> 目安：TOEIC500点台レベル ▶ 10回まで、TOEIC600点台レベル ▶ 7回まで、
> TOEIC700点台レベル ▶ 5回まで、TOEIC800点台レベル ▶ 3回まで

_____

_____

_____

_____

STEP 3 書き取った英文を清書し、文法的に意味が通じるか確認しながら英文を見直し
てみてください。以下に見直しの際のポイントをあげているので、参考にしてみましょう。

_____

_____

_____

_____

□ よく使われる表現・イディオムを書き取れましたか

□ 同じ音で違うスペルの単語を適切に書き取れましたか

□ 専門用語など聞きなれない単語を理解できましたか

□ カタカナ発音と違う音は書き取れましたか

答え合わせをし、正しく書き取れなかった部分を確認し、その原因を分析しましょう。

スクリプト＆解説

P1Palau is set to become the first country to impose a V1widespread ban on sunscreen G1in an effort to protect G2its vulnerable V2coral reefs. The government has signed a law that restricts the sale and use of sunscreen and skincare products that contain V3a list of ten different P2chemicals.

文法 Grammar

G1 ▶ 1文目も2文目も1文が長いですね。1文目は、in an effort to～「～するため」というイディオムを知っていないと構文の読み取りが難しくなります。ちなみに、in an effort to と in order to や to不定詞は文法的にはほぼ違いなく使えます。

Ex) People are taking action **in an effort to** save the planet.「人々は地球を救うために行動を起こしている」

G2 ▶ its なのか it's なのか文脈で判断します。この場合の its は Palau のことを指しています。**G1** の知識も知っていないと文脈理解も難しくなるため、この1文目はやや難易度の高い文章です。

語彙 Vocabulary

V1 ▶ widespread は「広げた、広く行き渡った、普及した」という意味の形容詞。これが形容詞だとわかれば、その前の a を書き取れますし、あとの ban が動詞ではなく名詞「禁止」として使用されていることにも気づきます。

V2 ▶ coral reefs「サンゴ礁」の意味です。セットで覚えておきましょう。

V3 ▶ a list of ～「～の一覧表」という言い方を覚えておきましょう。a list of names「名簿」、a list of groceries「買い物メモ」のように使います。

発音 Pronunciation

P1 ▶ パラオというカタカナから Palau というスペルは想像しにくいでしょう。英語の発音はスペルに近く「パラウ」です。語尾の lau にアクセントが置かれます。

P2 ▶ カタカナの「ケミカル」に引っ張られないように。語尾の l は Dark L なので「ケミコー」と伸ばしているように聞こえます。

_____

_____

_____

_____

| 和訳 |　パラオは、繊細なサンゴ礁の保護を目的に、日焼け止めの使用を国として禁止する最初の国になります。政府は、10種類の特定化学物質含有の日焼け止めやスキンケア製品について、販売と使用を制限する法制定のための署名をしました。

ボキャブラリー

☐ **widespread** (adj)：広くいきわたった
☐ **vulnerable** (adj)：傷つきやすい
☐ **coral reef** (n)：サンゴ礁

テーマのコラム

ハワイで禁止の日焼け止め

サンゴ礁に有害とされる成分を含んだ日焼け止めの使用と販売を禁止する法案が2018年の夏にハワイでも成立しました。実際にこの法案が施行されるのは2021年からですが、早速ハワイでは「サンゴにやさしい」とうたった日焼け止めが、ドラッグストアなどに並ぶようになりました。

具体的には「オキシベンゾン」と「オクチノキサート」という成分を含む日焼け止めが禁止になります。人によってはこれらの成分が紫外線を吸収するときの化学変化で肌に刺激になってしまうこともあるようです。これらの成分が含まれない日焼け止めはサンゴ礁のみならず人間にとっても良さそうです。

STEP 6 　以下の矢印やハイライトを参考にスクリプトを音読し、単語や音のリズムを身につけましょう。発音できる音は聞き取れるようになります。

Palau / is set / to become / the first country / to impose / a widespread ban / on sunscreen ↓

in an effort / to protect / its ①**vulnerable** / coral reefs.　↓

★The government / has signed / a ②**law** / that restricts / the sale ↑

and use of sunscreen / and skincare products ↑

that contain / a list of / ten different chemicals. ↓

発音（単語）

① **vulnerable** [ˈvʌln(ə)rəb(ə)l] (**vuhl** ˈnr ˑuh ˑbl)
聞きなれない単語かもしれませんね。アクセントに注意してスペルの通りに発音すれば問題なく発音できます。語頭の第1音節vulにアクセントを置きます。その以降の母音はあいまい母音なので口の筋肉をゆるめて言いましょう。

② **law** [lɔː] (laa)
スペルを見ると「ロウ」と言ってしまう方もいるかもしれませんが、「お」の口で「あ」と言う「ラー」に近い音です。語尾を伸ばしながら発音しましょう。また、「ロースクール」に引きずられて、「ロー」と言ってしまうかもしれませんが「ラ」ですので注意が必要です。

イントネーション

★ 　2文目は文中にthatが2回も登場し、1文が長く息継ぎやイントネーションの上下が文意を伝えるうえで大切になってきます。意味の切れ目も踏まえてスクリプトの改行の通り、読みましょう。

複合名詞

1語の複合名詞の場合、最初の単語にアクセントがきますのでsunscreenのsunにアクセントを置きましょう。

sunscreen, coral reefs, skincare products

音声を聞きながら、STEP 1 から STEP 6 の順に進めてみましょう。音声はスロースピード 10回→ネイティブのナチュラルスピード3回の順に収録されています。

STEP 1 音声を聞いて聞き取れたキーワードを書いてみましょう。キーワードから連想して本文の内容を想像してみましょう。

_____

_____

_____

_____

STEP 2 最大10回まで音声を繰り返し再生し、聞こえた英文の英単語をできるだけ多く書き取ってみましょう。カタカナではなく全てアルファベットで！なぐり書きで構いません。

┌ 目安：TOEIC500点台レベル ▶ 10回まで、TOEIC600点台レベル ▶ 7回まで、
└ TOEIC700点台レベル ▶ 5回まで、TOEIC800点台レベル ▶ 3回まで

_____

_____

_____

_____

STEP 3 書き取った英文を清書し、文法的に意味が通じるか確認しながら英文を見直してみてください。以下に見直しの際のポイントをあげているので、参考にしてみましょう。

_____

_____

_____

_____

□ 音が弱い機能語を文法的に判断できましたか

□ 挿入語（句）に気づき、文の構造を理解できましたか

□ よく使われる表現・イディオムを書き取れましたか

□ カタカナ発音と違う音は書き取れましたか

□ 連結は書き取れましたか

STEP 4 **答え合わせをし、正しく書き取れなかった部分を確認し、その原因を分析しましょう。**

スクリプト＆解説

No matter what you do, someone G1will P1always talk about you. Someone will always P2question your judgement. Someone will always P3doubt you. So G2just smile and make the choices you can V1live with.

文法 Grammar

G1 ▶ willが「ウォ」程度の音にしか聞こえないでしょう。全体をおおよそ書き取った時点で推測します。no matter what you do「あなたが何をしようと」は何かリアクションをとるのは現在、someone will always talk about you「あなたについて判断を下す人はいるでしょう」は判断が下されるのは未来形の意味になります。

G2 ▶ just smileは「ただただ笑顔でいなさい」という意味です。ここでのjustはonlyのような使い方がされています。justは使い勝手のいい単語で頻出するので様々な用法があることを知っておきましょう。

語彙 Vocabulary

V1 ▶ live with〜は「〜と同棲する、同居する」の他に、「〜を耐え忍ぶ、〜を我慢して受け入れる、〜を抱えて生きる」という意味もあります。
Ex) We **live with** the consequences. 「結果を我慢して受け入れる」

発音 Pronunciation

P1 ▶ カタカナの「オールウェイズ」とは違います。最初のalの音は「お」の口で「あ」と発音します。日本語の「お」の母音で代替されることが多いですが、英語の発音は「お」よりは「あ」に近い音である意識を持ちましょう。

P2 ▶ question yourがquestionnaire「アンケート」のような発音にも聞こえるかもしれません。これはquestionのnとyourのyが連結して「ニュ」という音に変化するためです。変換のルールですね。そのあとにjudgementという名詞がきて動詞がないことがわかるとquestionnaireではないことに気づくでしょう。

P3 ▶ doubt youが連結したtyou「チュ」の音が目立つかもしれません。変換のルールですね。Nice to meet you.なども同じで最後の音がtで終わる単語のあとにyouがくると連結して「チュ」という音が聞こえてきますので慣れておきましょう。

_____

_____

_____

_____

和訳　あなたが何をしようとしても、いつも口を出してきては、あなたの判断に異をとなえ、あなたを疑う人がいるでしょう。そんな時はただ笑顔で、共存できる道を選択してください。

ボキャブラリー

☐ **judgement** (n)：判断
☐ **question** (v)：～を疑う

テーマのコラム

ミシェル・オバマってどんな人？
バラク・オバマ元大統領夫人、ミシェル・オバマの回顧録『Becoming（ビカミング）』は全世界で1400万部以上売れているそうです。

売れ行き1000万部を超えるという出版史に残る快挙の理由について筆者は、ミシェル・オバマのカリスマ性が大きいと思います。ファーストレディにもかかわらず、ラフな格好で踊ったり、歌ったりしている姿がテレビで放映され、子どもが大好きな様子が公務からも垣間見えました。決して裕福ではない少女時代の描写は読者と著者であるミシェル・オバマとの距離を縮め、多くの人々に勇気と希望を与えています。恩師に「プリンストン大なんて絶対無理」と言われながら初志を貫徹した不屈さや、「一度も政治が好きだったことはなく、今でもそれは変わらない」という率直さも世界中の読者の心をつかんでいるのだろうと思います。気さくなその雰囲気に、筆者もすっかりファンになっています。

STEP 6　**以下の矢印やハイライトを参考にスクリプトを音読し、単語や音のリズムを身につけましょう。発音できる音は聞き取れるようになります。**

No matter / what you do, / someone will always / talk ★1**about you**. ↓

Someone / will always / ★2**question your** judgement. ↓

Someone / will always / ★3 ①**doubt you**. ↓

So just smile / and make / the choices / you can live with. ↓

発音（単語）

① **doubt** [daʊt] (**da**wt)

bの音はSilent bでスペルにあっても発音しません。STEP 4 でも触れましたが、doubtのtとyouのyが連結して、「ダウチュー」のような音になります。youが出てきたら変換のルールですね。

発音（連結）

★1,2,3　連結がうまくできず、ブツ切れになってしまっている日本人のカタカナ英語を矯正するための重要なルールのひとつである変換（Transformation）が何か所も出てきていますね。

文章にyou、yourが登場したら注意！でしたね。you、yourの前の単語が子音で終わる場合、子音がyouとくっついて新たな音に変化するのでした。わかりやすいように音の変化をカタカナで以下に示します。

about you「アバウ**チュー**」

question your「クエスチョ**ニュー**」

doubt you「ダウ**チュー**」

イントネーション

someone will alwaysが繰り返し出てきてリズムを作っていますね。この部分を意識して発音しましょう。

51 Uluru

DL-51

音声を聞きながら、STEP 1 から STEP 6 の順に進めてみましょう。音声はスロースピード
10回→ネイティブのナチュラルスピード3回の順に収録されています。

STEP 1 音声を聞いて聞き取れたキーワードを書いてみましょう。キーワードから連想し
て本文の内容を想像してみましょう。

_____

_____

_____

_____

STEP 2 最大10回まで音声を繰り返し再生し、聞こえた英文の英単語をできるだけ多く
書き取ってみましょう。カタカナではなく全てアルファベットで!なぐり書きで構いません。

目安:TOEIC500点台レベル ▶ 10回まで、TOEIC600点台レベル ▶ 7回まで、
TOEIC700点台レベル ▶ 5回まで、TOEIC800点台レベル ▶ 3回まで

_____

_____

_____

_____

STEP 3 書き取った英文を清書し、文法的に意味が通じるか確認しながら英文を見直し
てみてください。以下に見直しの際のポイントをあげているので、参考にしてみましょう。

_____

_____

_____

_____

☐ 同じ音で違うスペルの単語を適切に書き取れましたか
☐ 修飾している部分に気づき、文構造を理解できましたか
☐ よく使われる単語を書き取れましたか
☐ 固有名詞がわかりましたか
☐ カタカナにした時に似た発音を聞き分けられましたか
☐ Dark Lの音を聞き取れましたか

スクリプト＆解説

For **V1**decades, visitors to Australia's desert center have **G1**climbed **V2**Uluru. From now on the climb will be banned. Uluru is a **P1**sacred site for the **P2**local people, and they have **G2**long asked tourists not to go up.

文法 Grammar

G1 ▶ climb「登る」とclime「地方、気候、風土」の発音は同じです。音だけ追っているとどちらの音を発音したのかはわかりません。ここでは、climbedという過去分詞形またはその前のhaveが聞こえると動詞であることに気づくことができます。もしclimeを書き取ったとしても、見直してみると動詞がないことに気づくはずです。

G2 ▶ they have asked tourists not to go upという文章であればわかりやすかったと思います。ここではaskを修飾する副詞としてlongが間に挟まれているのがポイントです。short（形容詞）はshortly（副詞）がありますが、longは形容詞も副詞も同じ形なので見分けがつきにくいかもしれません。

語彙 Vocabulary

V1 ▶ decade＝10年で、decades＝何十年を表します。他にも、century＝100年でcenturies＝何百年。複数形にすることで何十年、何百年を表せる便利な単語です。

V2 ▶ Uluruはオーストラリア大陸にある世界で2番目に大きい一枚岩です。「ウルル」は先住民であるアボリジニによる呼び名です。別称であるAyers Rock（エアーズロック）はイギリスの探検家によって名付けられました。

発音 Pronunciation

P1 ▶ sacredとsecretの発音の聞き分けが難しかったかもしれません。いずれも形容詞で意味も似ています（sacred「聖なる」、secret「秘密の」）。この音を取り違えても大きな誤解は生じませんが、聞き取りのポイントは語頭の母音です。sacredのsaは / sei /、secretは / see / です。カタカナで書くとsacred「セイクレット」、secret「シークレット」となります。

P2 ▶ local peopleはlocalもpeopleも単語がLで終わっているのでDark Lになります。「ローカル」→「ローコー」、「ピープル」→「ピーポー」のようになります。

STEP 5 STEP 4 のスクリプトから和訳を書いて、意味を確認しましょう。ここでは訳すことで意味がしっかりと理解できているかを確認します。

_____

_____

_____

_____

和訳 何十年もの間、オーストラリアの砂漠の中心地へと向かう人々はウルルに登りましたが、これからその登山は禁止されます。ウルルを聖地とみなしている先住民は長きにわたり、観光客に立ち入らないよう訴え続けていました。

ボキャブラリー

□ **sacred** (adj)：神聖な

テーマのコラム

登山における現代の問題

ウルルに限らずエベレストや富士山もこの英文のような問題を抱えています。観光客が増えると宿泊施設の運営やゴミの問題が出てきます。登山道の周りはゴミだらけになり、山頂に近くにつれ、ビニール袋やプラスチックゴミが散乱しているような状態です。標高が高くなり、空気が薄くなると体がだるくなり思うように動けなくなり、思考も鈍くなるというのが要因だそうです。

人間は観光をなんのためにするのでしょうか。ここまでインターネットで情報を検索することができ、物流が発達して世界中のものが簡単に手に入るようになった現代において、自らその場所を訪れて体験をするという行為の意味、意義について考えさせられます。

STEP 6 **以下の矢印やハイライトを参考にスクリプトを音読し、単語や音のリズムを身につけましょう。発音できる音は聞き取れるようになります。**

For decades, / visitors / to Australia's / ①**desert** center / have climbed / Uluru. ↓
From now on / the climb / will be banned. ↓
Uluru / is a ②**sacred** site / for the local people, ↑
and they have / long ★1 **asked** / **tourists** / not to ★2 **go up**. ↓

発音（単語）

① **desert** [ˈdezə(r)t] (**de** ·zert)
desert「砂漠」とdessert「デザート」の発音は非常によく似ていますが、聞き分けるポイントはアクセントにあります。また、「砂漠」のdesertは語頭のdeが「デ」に近いですが、「デザート」のdessertはdeは「ディ」に近い音です。
desert [ˈdezə(r)t]：砂漠→前にアクセント
dessert [dɪˈzɜː(r)t]：デザート→後ろにアクセント

② **sacred** [ˈseɪkrəd] (**sei** ·kruhd)
saの母音の発音はしっかりと「エイ」と発音します。アクセントは語頭にあるので、第2音節は軽く、あまり意識せず流すように発音しましょう。

発音（連結）

★1 **asked tourists**
askの過去形は/askt/のような発音になります。この語末のtの音とtouristsのtの音は重なるのでtがひとつ脱落して、asktouristsと連結します。同化のルールですね。

★2 **go up**
go upのgoのoとupのuのように母音が繋がる場合は、間に/w/の音を挿入して発音すると、きれいに発音できます。gow upのように言いましょう。音の挿入のルールを使いましょう。/u/で終わる単語＋母音で始まる単語→/w/を挿入でしたね。
例）Who is that? → Who/w/is that?

複合名詞

desert center

52 Mistakes

DL-52

音声を聞きながら、STEP 1 から STEP 6 の順に進めてみましょう。音声はスロースピード 10回→ネイティブのナチュラルスピード3回の順に収録されています。

STEP 1 音声を聞いて聞き取れたキーワードを書いてみましょう。キーワードから連想して本文の内容を想像してみましょう。

_____

_____

_____

_____

STEP 2 最大10回まで音声を繰り返し再生し、聞こえた英文の英単語をできるだけ多く書き取ってみましょう。カタカナではなく全てアルファベットで!なぐり書きで構いません。

> 目安:TOEIC500点台レベル ▶ 10回まで、TOEIC600点台レベル ▶ 7回まで、
> TOEIC700点台レベル ▶ 5回まで、TOEIC800点台レベル ▶ 3回まで

_____

_____

_____

_____

STEP 3 書き取った英文を清書し、文法的に意味が通じるか確認しながら英文を見直してみてください。以下に見直しの際のポイントをあげているので、参考にしてみましょう。

_____

_____

_____

☐ 修飾している部分に気づき、文構造を理解できましたか

☐ 挿入語(句)に気づき、文の構造を理解できましたか

☐ よく使われる表現・イディオムを書き取れましたか

☐ アメリカ英語とイギリス英語のスペルがある単語を適切に書き取れましたか

☐ 複合名詞・形容詞に気づきましたか

☐ Dark Lの音を聞き取れましたか

☐ カタカナ発音と違う音は書き取れましたか

答え合わせをし、正しく書き取れなかった部分を確認し、その原因を分析しましょう。

スクリプト＆解説

G1Smart, successful people are V1by no means G2immune to making mistakes; they simply have the P1tools G3in place to learn from their P2errors. In other words, they V2recognize the roots of their V3mix-ups quickly and never make the same mistake twice.

▎文法 Grammar

G1 ▶ 「○○で、△△な(名詞)」と、この文のように2つの同格の形容詞を同じ名詞に修飾させるときはandを使わず、カンマで区切ることもできます。形容詞が2回並ぶので何かを聞き逃したかもと焦っても文法ルールを知っていれば安心して書き取れますね。

G2 ▶ be immune to〜のもとの意味は「〜に免疫がある」で、そこから転じて「〜に平気である、〜に動じない」の意味。1文目をシンプルにするとSmart, successful people are not immune to...となります。
Ex) He **is immune to** chicken pox.「彼は水ぼうそうに免疫がある／動じない」

G3 ▶ in placeで「しかるべき場所、ふさわしい場所」、「きちんとしている、整えられている」という意味で、「彼らはとにかく術をきちんと持っている」の「術(tools)」の意味を説明しているのがto learn from their errorsなので「彼らはとにかく失敗から学ぶ術をきちんと持っている」が直訳になります。

▎語彙 Vocabulary

V1 ▶ by no means〜「決して〜ない」というイディオム。
Ex) He is **by no means** satisfied.「彼は決して満足していない」

V2 ▶ アメリカ英語(recognize)とイギリス英語(recognise)いずれのスペルでも正解です。

V3 ▶ mix-up「(手違いによる)混乱」という複合名詞です。間にハイフンが入ること、名詞なので前のtheirを受けてmix-upsのように複数形のsをつけることもできます。

▎発音 Pronunciation

P1 ▶ tools はカタカナ英語の「ツール」とは大きく違い、tooは「ツー」でなく「トゥー」に近く、lはDark Lなので「ル」と言わずに「トゥーォ」のように発音します。

P2 ▶ カタカナの「エラー」から脱却しましょう。rの舌の形をして、rrorを発音。

STEP 5 **STEP 4** のスクリプトから和訳を書いて、意味を確認しましょう。ここでは訳すことで意味がしっかりと理解できているかを確認します。

_____

_____

_____

_____

和訳 賢く、成功を手にした人でも、間違いをおかすことに決して動じないわけではありません。失敗から学ぶ術を知っているというだけなのです。言い換えてみれば、彼らは思い込みや混乱の根本を素早く認識できるため、再び同じ過ちをおかすことがないのです。

ボキャブラリー

□ **be immune to〜** ：［物事に］影響を受けない、動じない
□ **mix-up** (n)：混乱、手違い

テーマのコラム

成功者とは

成功者は失敗をマイナスに捉えず、次のステップへの糧になることを知っています。一般的に「なんでこうなってしまったのだ」と結果を悔やんで落ち込む人が多いですが、その中で成功者は、「失敗した原因は何だったのか」、「次はどうしたら良いのか」など、失敗を前進に繋げる考え方をします。成功者は失敗して落ち込んでしまう時間も無駄にはしません。

英語学習も同じだと思います。英語や英語の文化的背景について知らないことに多く直面するのは当然のことです。間違えてしまう、失敗をするのも当然です。恥を捨ててこのサイクルをなるべく早く回せる人が英語学習の達人だと筆者は考えます。

発音ポイント

STEP 6 以下の矢印やハイライトを参考にスクリプトを音読し、単語や音のリズムを身につけましょう。発音できる音は聞き取れるようになります。

Smart, / successful people / are by no means / ①**immune** / to making mistakes; ↓
they simply / have the ②**tools** / in place / to learn / from their errors. ↓
In other words, / they ③**recognize** / the ④**roots** / of their mix-ups / quickly ↑
and never make / the ★**same mistake** / twice. ↓

発音（単語）

① **immune** [ɪ'mjuːn] (uh ·**myoon**)
見慣れない単語かもしれませんが、be immune to〜は使いやすいイディオムなので発音と一緒に覚えておきましょう。アクセントは後ろにあります。アクセント部分の発音は <u>co</u><u>mmune</u>などと同じですね。「ミューン」となります。

② **tool(s)** [tuːl] (tool)
カタカナの「ツール」から脱却しましょう。STEP 4 でも触れたようにtooは「ツー」ではなく「トゥー」に近い音です。lはDark Lなので「ル」と発音しないようにしましょう。「トゥーォ」のようになります。

③ **recognize** ['rekəgnaɪz] (**reh** ·kuhg ·naiz)
recognizeのcoはあいまい母音ですので、はっきりと「コ」と言わずに「カ」に近い音で発音しましょう。

④ **roots** [ruːt] (ruut)
カタカナ発音にならないように、語頭のrの音を出す時に、舌の形を意識しましょう。また、唇にも力を入れてとがらせて発音しましょう。

発音（連結）

★ **same mistake**
same mistakeはsameの最後の/m/とmistakesの/m/で同じ子音が繰り返されるのでmの発音は1回だけです。samistakesのようになります。同化のルールですね。

複合名詞

mix-ups

Barbie

DL-53

音声を聞きながら、STEP 1 から STEP 6 の順に進めてみましょう。音声はスロースピード
10回→ネイティブのナチュラルスピード3回の順に収録されています。

STEP 1 音声を聞いて聞き取れたキーワードを書いてみましょう。キーワードから連想し
て本文の内容を想像してみましょう。

STEP 2 最大10回まで音声を繰り返し再生し、聞こえた英文の英単語をできるだけ多く
書き取ってみましょう。カタカナではなく全てアルファベットで!なぐり書きで構いません。

> 目安:TOEIC500点台レベル▶10回まで、TOEIC600点台レベル▶7回まで、
> TOEIC700点台レベル▶5回まで、TOEIC800点台レベル▶3回まで

STEP 3 書き取った英文を清書し、文法的に意味が通じるか確認しながら英文を見直し
てみてください。以下に見直しの際のポイントをあげているので、参考にしてみましょう。

□ 文脈から適切な時制は選べましたか
□ よく使われる表現・イディオムを書き取れましたか
□ 品詞の用法を使い分けられていますか
□ 日本語でも似た意味の単語がわかりましたか
□ 連結は書き取れましたか
□ 脱落する音は書き取れましたか

STEP 4 **答え合わせをし、正しく書き取れなかった部分を確認し、その原因を分析しましょう。**

スクリプト＆解説

Barbie **G1**will **V1**debut a doll with a prosthetic leg **P1**and another that **G2**comes with a wheelchair. The new dolls aim to offer kids more **V2** **P2**diverse representations of beauty.

文法 Grammar

G1 ▶ 文脈から考えて、これからデビューするので未来形willになります。過去形であれば、Barbie debuted となります。

G2 ▶ come with〜「〜を備えた」という句動詞を覚えておきましょう。聞き取りにくいwithを知っていれば文脈から推測できて書き取れるはずです。
またanotherをthat以下で説明しているのでcomes withと三単現のsも忘れないようにしましょう。

Ex) The happy meal **comes with** a little toy.「ハッピーセットには小さなおもちゃがついています」

The house **comes with** the furniture.「家には家具が備えられています」

語彙 Vocabulary

V1 ▶ debutには動詞で「デビューさせる」という意味があります。日本語でも「デビュー」と言いますが英語ではアクセントが語末になります。また語源がフランス語débutからきているのでtの音は発音しません。

V2 ▶ diverseは形容詞で「多様な」という意味です。日本語としても聞きなれてきた「ダイバーシティ」の変化形です。

発音 Pronunciation

P1 ▶ and anotherの部分が連結して聞き取りにくいですね。andのdの音は脱落し、ananother「エナナ」のように聞こえていると思います。

P2 ▶ 2つ子音がつながるとdiverepresentationsのように聞こえます。diverseの/s/の音が脱落してほぼ聞こえません。diverseのeはSilent e（発音しないeの音）なので/s/という子音の音で終わっていると考えます。

STEP 4 のスクリプトから和訳を書いて、意味を確認しましょう。ここでは訳すことで意味がしっかりと理解できているかを確認します。

_____

_____

_____

_____

和訳 車イスと義足のバービーが登場します。新しい人形を通じて、美しさの表現に対する多様性を、子どもたちの中に広げていくことを目指しています。

ボキャブラリー

□ **prosthetic leg** (n)：義足
□ **aim to〜** ：〜を志す、狙う
□ **representation** (n)：表現、描写

テーマのコラム

様々なバービー人形

車イス、義足のバービーの他、今年は髪の毛のないバービー人形や、尋常性白斑のバービー人形などもシリーズに加わりました。マテル社は美しさやダイバーシティに対する多様な見方を反映するため、新シリーズのバービー人形を発売することに踏み切りました。マテル社は、様々なバービー人形を発売することで、子どもたちが「その周囲の世界で目にしているより多くの物語を演じて遊ぶ」ことができるようになるとしています。

STEP 6 **以下の矢印やハイライトを参考にスクリプトを音読し、単語や音のリズムを身につけましょう。発音できる音は聞き取れるようになります。**

Barbie / will ①**debut** / a doll / with a ②**prosthetic leg** ↑
and another / that comes with / a wheelchair. ↓
The new dolls / aim / to offer kids ↑
more ③**diverse** / ④**representations** of beauty. ↓

発音（単語）

① **debut** [deɪˈbjuː] (dei **byoo**)
STEP 4 でも触れましたが、カタカナ英語にならないためには、アクセントの位置が大切です。また、第1音節deは「デビュー」よりも「デイビュー」と「イ」を入れて発音しましょう。

② **prosthetic** [prɑːsˈθetɪk] (praas **theh** ˑtuhk)
 sのすぐ後に再び無声音であるthがくるので、sもthもはっきりと発音しようとするとthの舌の形を準備する時間があまりありません。第2音節theにアクセントがくるのでsの発音よりもthの発音に集中しましょう。

③ **diverse** [daɪˈvɚːs] (dai **vurs**)
カタカナの「ダイバーシティ」などで日本語でも馴染みがある単語ですが、カタカナ英語にならないためには、第2音節にあるアクセントの位置に注意しましょう。また、verseは/v/の音なので上の前歯で下唇を軽くかみ、ふるわせるように。

④ **representations** [ˌreprɪzenˈteɪʃnz] (re ˑpree ˑzen **tei** ˑshnz)
長い単語でアクセントが2つあります。teiの部分が第1アクセントですのでここのアクセントを意識するようにしましょう。

イントネーション

1文目はスクリプトのとおり、andの前後でイントネーションを上げて、下げるように読みましょう。2文目は1文が少し長いですが、スクリプトにあるように、The new dolls aim to offer kidsとmore diverse representations of beautyの2つのかたまりで分けてとらえると意味の理解も息継ぎも楽になるでしょう。

音声を聞きながら、STEP 1 から STEP 6 の順に進めてみましょう。音声はスロースピード
10回→ネイティブのナチュラルスピード3回の順に収録されています。

STEP 1 音声を聞いて聞き取れたキーワードを書いてみましょう。キーワードから連想し
て本文の内容を想像してみましょう。

_____

_____

_____

_____

STEP 2 最大10回まで音声を繰り返し再生し、聞こえた英文の英単語をできるだけ多く
書き取ってみましょう。カタカナではなく全てアルファベットで!なぐり書きで構いません。

> 目安:TOEIC500点台レベル▶10回まで、TOEIC600点台レベル▶7回まで、
> TOEIC700点台レベル▶5回まで、TOEIC800点台レベル▶3回まで

_____

_____

_____

_____

STEP 3 書き取った英文を清書し、文法的に意味が通じるか確認しながら英文を見直し
てみてください。以下に見直しの際のポイントをあげているので、参考にしてみましょう。

_____

_____

_____

_____

□ 時制の一致を意識できましたか

□ 同じ音で違うスペルの単語を適切に書き取れましたか

□ 音が弱い機能語を文法的に判断できましたか

□ 固有名詞がわかりましたか

□ 接頭辞+単語の組み合わせの単語がわかりましたか

□ カタカナにした時に似た発音を聞き分けられましたか

スクリプト＆解説

v1Virgin Atlantic, one of Britain's top v2transatlantic P1carriers, G1announced today that it would no longer require G2its female cabin crew to wear makeup G3while working.

文法 Grammar

G1▶ announcedのedの音はあまり聞こえませんが文脈とannounceの内容を表すthat以下の時制（it wouldとwillが過去形になっている）とあわせて過去形だと判断しましょう。

G2▶ Itsなのかit'sなのか音だけでは判断できません。ここのitsはVirgin Atlanticを指します。require [人] to〜「〜を[人]に要求する」の[人]に当たる部分になるよう名詞が入るべきなのでits female cabin crew「Virgin Atlanticの女性客室乗務員」となります。

G3▶ whileはとても短い発音で聞き逃すことも多いです。文脈から「仕事中」という意味を想像し、workがworkingと動名詞化していることからもwhileを書き取れるとベストです。

語彙 Vocabulary

V1▶ Virgin Atlanticは固有名詞で「バージン・アトランティック航空」。イギリスの航空会社で大陸間の長距離国際線をメインに運航しています。

V2▶ trans＋atlanticでできています。transは接頭辞で「越えて、通って、完全に」の意味です。transの接頭辞の単語は、他にtransgender「性別を超えて」、translate「翻訳する」、transmit「送る、伝える」などがありますね。

発音 Pronunciation

P1▶ carrierとcareerは発音を聞き分けにくい単語のひとつです。アクセントの位置と語頭のcaの音の母音に違いがあります。

carrier [ˈkæriər]：「電話会社」の意味。日本語で職歴の意味で使う「キャリア」は実はこちらの発音とアクセントが近いので注意しましょう。

career [kəˈrɪər]：「経歴、職歴」の意味。最初のcaはka「カ」に近い音で発音します。ree「リ」にアクセントを置いて発音します。

最初の母音の音の差よりもアクセントの位置で違いを伝えられます。

_____

_____

_____

_____

和訳　イギリス大手航空会社のひとつであるヴァージン・アトランティック航空は、女性キャビンクルーに対して乗務中に化粧をする必要がなくなることを、本日発表しました。

ボキャブラリー

□ **transatlantic** (adj)：大西洋横断の
□ **carrier** (n)：運送機
□ **require** (v)：〜を要求する、命じる

テーマのコラム

メイクの在り方

筆者の初めてのアルバイト経験（日本でのこと）は近所の書店でのレジ業務でした。勤務を始めるにあたり、注意事項が書かれた用紙をもらったのですが、そこに「女性は清潔感のあるメイク」という項目があったことを今でも覚えています。当時高校生だった私は、このアルバイトを機にメイクをするようになりました。

今の日本では社会人女性がナチュラルだとしてもメイクをするのがビジネスマナーという考えが一般的なような気がします。もちろん女性が自らメイクをしたいというのであれば問題ありませんが、メイク用具やその他諸々費用がかかることを考慮すると女性だけにメイクを求めるというのは不公平なのかもしれません。また、男性のメイクがどこまで許可されるのかということも今後論点になっていくのでしょう。

STEP 6　以下の矢印やハイライトを参考にスクリプトを音読し、単語や音のリズムを身につけましょう。発音できる音は聞き取れるようになります。

Virgin Atlantic, / one of Britain's / top ①**transatlantic** ②**carriers**, ↑
★1**announced today** / ★2**that it would** / no longer require ↑
its female ③**cabin** crew / to wear makeup / while working. ↓

発音（単語）

① **transatlantic** [ˌtrænz ətˈlæntɪk] (tranz ·uht **·lan** ·tuhk)
長い単語なのでアクセントの位置に気をつけましょう。第2音節のsat部分が/zuht/のように音を濁らせて発音することもポイントです。

② **carriers** [ˈkæriərz] (**ka** ·ree ·uh)
STEP 4 でも触れましたが、日本語の経歴を表す「キャリア」はこの単語の発音のほうが近いです。アクセントを語頭に置きましょう。caの/a/は「え」の口で「あ」を言う発音です。

③ **cabin** [ˈkæbɪn] (**ka** ·bn)
日本語の「キャビン」とそれほど変わりませんが、「キャ」というよりも「え」の口で横に口を開いたまま「あ」という「あ」と「え」の中間の音で「カ」を発音すると良いです。

発音（連結）

★1 announced today
announcedのedとtodayのtoがくっついて、edはほぼ聞こえないように発音すると発音しやすいです。dはtの有声音なので基本的には同じ音が連続して最初の音が脱落しているのと同じ現象が起きます。同化のルールですね。

★2 that it would
機能語が続いているので非常に聞き取りにくい部分だと思います。thaiwou「ザイッウッ」のように聞こえるかどうか程度の弱い音になります。

複合名詞

cabin crewという複合名詞を修飾しているのがfemaleであるとわかるようにcabin crewを一息で発音できるといいですね。
cabin crew, makeup

55 Aviation

DL-55

音声を聞きながら、STEP 1 から STEP 6 の順に進めてみましょう。音声はスロースピード
10回→ネイティブのナチュラルスピード3回の順に収録されています。

STEP 1 音声を聞いて聞き取れたキーワードを書いてみましょう。キーワードから連想して本文の内容を想像してみましょう。

_____

_____

_____

_____

STEP 2 最大10回まで音声を繰り返し再生し、聞こえた英文の英単語をできるだけ多く書き取ってみましょう。カタカナではなく全てアルファベットで!なぐり書きで構いません。

目安:TOEIC500点台レベル ▶ 10回まで、TOEIC600点台レベル ▶ 7回まで、
TOEIC700点台レベル ▶ 5回まで、TOEIC800点台レベル ▶ 3回まで

_____

_____

_____

_____

STEP 3 書き取った英文を清書し、文法的に意味が通じるか確認しながら英文を見直してみてください。以下に見直しの際のポイントをあげているので、参考にしてみましょう。

_____

_____

_____

_____

☐ 三単現のSは書き取れましたか
☐ 修飾している部分に気づき、文構造を理解できましたか
☐ 音が弱い機能語を文法的に判断できましたか
☐ よく使われる人名に気づきましたか
☐ 固有名詞がわかりましたか
☐ カタカナ発音と違う音は書き取れましたか

STEP 4 答え合わせをし、正しく書き取れなかった部分を確認し、その原因を分析しましょう。

スクリプト＆解説

V1Davis has spent the last three years building V2BlackBird, a startup that G1connects passengers with private planes G2and pilots. Passengers can join G3an existing flight plan and P1purchase open seats on the flight.

文法 Grammar

G1▶ connectの三単現のsを忘れないようにしましょう。「スタートアップである、ブラックバード社」を修飾して説明しているのがthat以下で、その動詞がconnectなので三単現のsが必要です。

G2▶ andとinの聞き分けの難しさについては何度か触れていますね。andのdは脱落するのでanとなり、inと発音が似てしまいます。andなのかinなのか迷ったときには文全体を見直す際に文脈で判断して書き取ればOKです。

G3▶ an existing flight planで「既存のフライトプラン」という1つの名詞です。つまり、シンプルにするとa planということです。今回は(flight)planを修飾するexistingがついていて、eという母音で始まっているのでanになります。

語彙 Vocabulary

V1▶ Davisは人の名字。この方を知らなくてもDavisは一般的な名字(7番目に多い)なので知っておくとよいでしょう。上位には他に以下のような名字があります。
Smith, Johnson, Williams, Brown...

V2▶ BlackBirdは固有名詞なので書けなくても仕方ありません。固有名詞だとわかれば、それ以降のカンマ以下はBlackBirdという企業の紹介文がきていることが理解できます。

発音 Pronunciation

P1▶ スペルから「パーチェイス」と覚えている方がいますが、どちらかというと「パーチェス」「パーチャス」に近い音で聞こえます。

STEP 5 STEP 4 のスクリプトから和訳を書いて、意味を確認しましょう。ここでは訳すことで意味がしっかりと理解できているかを確認します。

和訳 乗客と民間の飛行機やパイロットをつなぐスタートアップであるブラックバード社の創業者デイビスは、その構築に過去3年間を費やしました。乗客は既存のフライトプランに参加し、フライトの空席を購入します。

ボキャブラリー

☐ **existing** (adj)：存在する
☐ **purchase** (v)：〜を購入する

テーマのコラム

BlackBirdという企業

BlackBirdという会社が今、旅客機版のウーバーイーツとして注目を集めています。この会社はプライベート旅客機と、パイロットや旅行客をつなぐプラットフォームです。顧客は既に飛行ルートが決められた航空機の座席を予約することも可能ですし、飛行機をチャーターしてBlackBirdの認定パイロットに操縦を依頼することもできます。

10年ほど前までは、個人が運転手を雇うことはリッチな人々の特権だと考えられていましたが、今ではライドシェアサービスを通じて、一般人が運転手を雇うことも普通になりました。BlackBirdは航空機のシェアリング市場でウーバーイーツと同様の成功を再現するかもしれません。

STEP 6 以下の矢印やハイライトを参考にスクリプトを音読し、単語や音のリズムを身につけましょう。発音できる音は聞き取れるようになります。

★Davis / has spent / the last three years / building BlackBird, ↓
a startup / that connects passengers / with private ①**planes** / and pilots. ↓
Passengers / can join / an existing flight plan / and ②**purchase** / open ③**seats** /
on the flight. ↓

発音（単語）

① **planes** [pleɪn] (plein)
基本的な単語ですが意外と発音とスペルを混同しやすいのがplaneとplanとplainです。planとplaneはSilent eがあるかないかの違いですが、planeとplainは同じ発音です。品詞が違うので文脈でどちらのスペルのことなのかを判断しましょう。

② **purchase** [ˈpɜːrtʃəs] (**pur** ·chuhs)
urはleader「リーダー」などのerの音と同じです。母音と「r」が組み合わさった母音、R-controlled vowelでしたね。Rの音を意識してpurを発音します。「パー」ではなく、舌を巻きながら、Rの舌を作りながら「パー」と言います。ここがアクセントになります。そのあとのchaseは「チェイス」にならないように。どちらかというと「チェス」です。

③ **seats** [siːts] (siits)
sheetにならないように区別して発音しましょう。shは日本語の「シ」に近いので、siを言うときは口をとがらせないで、口を横に広げて舌の先が下の前歯の裏の歯茎につくように発音するとshiの音にはなりません。

イントネーション

★ 1文目の後半にあるandのイントネーションを意識して読みましょう。planes↑ and pilots↓ となりますね。飛行機とパイロットをという2つの媒体を強調すると聞き手に伝わりやすくなると思います。2文目のcan joinとpurchaseを結ぶandは文章がそのままの流れで続いていく並列のandなのでイントネーションの上げ下げは入れずに読みます。

複合名詞

startup, flight plan

音声を聞きながら、STEP 1 から STEP 6 の順に進めてみましょう。音声はスロースピード
10回→ネイティブのナチュラルスピード3回の順に収録されています。

STEP 1 音声を聞いて聞き取れたキーワードを書いてみましょう。キーワードから連想し
て本文の内容を想像してみましょう。

_____

_____

_____

_____

STEP 2 最大10回まで音声を繰り返し再生し、聞こえた英文の英単語をできるだけ多く
書き取ってみましょう。カタカナではなく全てアルファベットで!なぐり書きで構いません。

[目安:TOEIC500点台レベル ▶ 10回まで、TOEIC600点台レベル ▶ 7回まで、
 TOEIC700点台レベル ▶ 5回まで、TOEIC800点台レベル ▶ 3回まで]

_____

_____

_____

_____

STEP 3 書き取った英文を清書し、文法的に意味が通じるか確認しながら英文を見直し
てみてください。以下に見直しの際のポイントをあげているので、参考にしてみましょう。

_____

_____

_____

_____

□ 文脈から適切な時制は選べましたか
□ 音が弱い機能語を文法的に判断できましたか
□ よく使われる単語を書き取れましたか
□ 固有名詞がわかりましたか
□ よく使われる表現・イディオムを書き取れましたか
□ Dark Lの音を聞き取れましたか
□ カタカナ発音と違う音は書き取れましたか

STEP 4 **答え合わせをし、正しく書き取れなかった部分を確認し、その原因を分析しましょう。**

スクリプト＆解説

Afghanistan's first **P1**all-female orchestra, **V1**Zohra, **G1**visited the UK. Five years ago, a unique all-female orchestra was formed in Afghanistan, a nation **G2**where only a few years **G3**previously music had been **P2**outlawed and women **V2**barred from education.

文法 Grammar

G1 ▶ 発音として「エッド」とは聞こえにくいですがvisitedの過去形edを忘れずに。この文章の場合、visitedもしくはwill visitの2つの可能性があります。その後の文章の文脈からも時制を特定する要素はありません。次に考えるのはvisitの前と後だったらどこに濁りを感じたか？で判断します。visitedは「visitリ」will visitは「ウォvisit」と聞こえます。

G2 ▶ アフガニスタンという国の説明をするための関係代名詞なので、whereが入ります。関係代名詞なので音が聞き取りにくいですがAfghanistanのあとに、a nationときていることでもアフガニスタンの説明が入ることが推測できます（同時にカンマがaの前に入るべきだということにも気づくといいですね）。

G3 ▶ ここでのpreviouslyは言い換えると、a few year ago = a few years previously と言えます。agoもpreviouslyも副詞です。years agoは聞きなれていても years previously 聞きなれていなかったかもしれませんね。ここで覚えておきましょう。

語彙 Vocabulary

V1 ▶ Zohraは固有名詞です。これは書けなくて問題ありません。ここでは、Afghanistan... orchestraのあとに少しポーズがあり、Zohraと読んでいるので、Afghanistan...orchestraを言い換えた言葉がZohraとわかり、固有名詞だと判断できるといいですね。

V2 ▶ bar from～「～を除外する」という意味。音だけ聞いているとカタカナの「バード（鳥）」と聞こえてしまうのですが、「音楽が非合法だった」というネガティブな情報と並列して「女性が教育から○○した」とあるので「鳥」ではなく、動詞が入るとわかるはずです。
Ex) They **barred** him **from** the contest.「彼らは彼をコンテストから除外した」

発音 Pronunciation

P1 ▶ allはDark Lなのでカタカナの「オール」よりも「オー」と伸ばすだけの音に聞こえます。

P2 ▶ カタカナの「アウトロー」よりも「アウトラー」と聞こえます。

和訳 　アフガニスタン初の女性のみで構成されたオーケストラ「Zohra」がイギリスを訪問しました。この非常に珍しい女性だけのオーケストラは、5年前、アフガニスタンで結成されました。アフガニスタンでは数年前まで音楽は非合法であり、女性は教育の機会までも奪われていました。

ボキャブラリー

□ **outlaw** (v)：法律によって禁ずる
□ **bar from**〜 (v)：〜を妨げる、〔考えなどから〕除外する

テーマのコラム

女性への教育や労働の機会

アフガニスタンの旧支配勢力タリバン政権はかつて、教育や労働の機会を女性に与えていませんでした。米国主導の多国籍軍による侵攻を通じて政権が崩壊してからの約20年間で、そのような厳しい制約は徐々に緩和されていっています。

隣国のパキスタン生まれのマララ・ユスフザイは11歳の時に、タリバンの武装勢力による女子校の破壊活動を、英BBC放送のブログに投稿し告発。その結果、武装勢力に狙われるようになり、スクールバスで帰宅途中に銃で撃たれました。この事件によって、「女の子だから」という理由で、世界中の多くの女の子が教育の機会を奪われている事実に注目が集まり、女子教育推進への気運が高まりました。

STEP 6　**以下の矢印やハイライトを参考にスクリプトを音読し、単語や音のリズムを身につけましょう。発音できる音は聞き取れるようになります。**

Afghanistan's ①**first** / all-female orchestra, / ★1Zohra, / visited the UK. ↓
Five years ago, / a unique / all-female orchestra / was formed / in Afghanistan, ↓
a nation / ★2where only a few years previously ↑
music / had been ②**outlawed** / and women / ③**barred** from education. ↓

発 音 （ 単 語 ）

① firstのirの音 [fɜːrst] (furst)
カタカナの「ファースト」から脱却するために、ただ「アー（ファー）」と伸ばすだけの音はやめましょう。R-controlled vowelですね。舌を巻きながら思いっきり奥に引いて喉を鳴らします。その時に口先をすぼめましょう。腹式呼吸ができて初めて出る音です。

② outlawed [ˈaʊtˌlɔːd] (**awt** ˌlaad)
第2音節のlawのal部分はShort Oとの区別が難しいですが、Short Oに比べると口の開きがわずかに少ないaの音です。「お」の口で「あ」の発音をします。この音は「au」「aw」「al」と綴られることが一般的で、日本語の「お」の母音で代替されていることが多いです。「お」よりは「あ」に近い音という意識を持ちましょう。そうすると、日本語では「アウトロー」と表記されるけれども実際の音は「アウトラー」に近い理由もうなずけますね。

③ barred [bɑː(r)d] (baard)
firstと同様に「あー」と伸ばすだけのカタカナ英語の発音はやめましょう。Short Oできれいに「あ」と口を縦に開いて発音します。それから舌を巻き込んで「r」を発音します。「あ」と「r」はそれぞれ同程度の長さで発音します。

イ ン ト ネ ー シ ョ ン

★1 Zohra
前にあるカンマのあとしっかり間をあけて、固有名詞であることを伝えるように読みます。

★2 previouslyのあとは、「たった数年前までは」という事実をドラマチックに伝えるためにイントネーションを上げて読むようにしましょう。

複 合 名 詞 ・ 形 容 詞

all-female

Plastic

DL-57

音声を聞きながら、STEP 1 から STEP 6 の順に進めてみましょう。音声はスロースピード 10回→ネイティブのナチュラルスピード3回の順に収録されています。

STEP 1 音声を聞いて聞き取れたキーワードを書いてみましょう。キーワードから連想して本文の内容を想像してみましょう。

___

___

___

___

STEP 2 最大10回まで音声を繰り返し再生し、聞こえた英文の英単語をできるだけ多く書き取ってみましょう。カタカナではなく全てアルファベットで!なぐり書きで構いません。

目安：TOEIC500点台レベル ▶ 10回まで、TOEIC600点台レベル ▶ 7回まで、TOEIC700点台レベル ▶ 5回まで、TOEIC800点台レベル ▶ 3回まで

___

___

___

___

STEP 3 書き取った英文を清書し、文法的に意味が通じるか確認しながら英文を見直してみてください。以下に見直しの際のポイントをあげているので、参考にしてみましょう。

___

___

___

___

□ よく使われる表現・イディオムを書き取れましたか
□ 音が弱い機能語を文法的に判断できましたか
□ 同じ音で違うスペルの単語を適切に書き取れましたか
□ カタカナ発音と違う音は書き取れましたか

答え合わせをし、正しく書き取れなかった部分を確認し、その原因を分析しましょう。

スクリプト＆解説

Japan is the world's second-highest user **v1**per capita of plastic packaging, according to the United Nations. Japan is **G1**notorious for **G2**wrapping nearly everything in **P1**plastic. Even **P2**vegetables **G3**and fruits are individually wrapped.

文法 Grammar

G1 ▶ be notorious for〜「〜として悪名高い」というイディオムをまず知っていることが重要です。あわせてforという前置詞のあとにくるのは名詞のはずだとわかると続くwrapがwrappingと動名詞になることを、文法的に書き取りましょう。

Ex) He **is notorious for** lying.「彼はうそつきで悪名高い」

G2 ▶ wrap「包む」と rap「ラップする」は同じ発音でスペルの違う単語です。こういう場合は文脈で判断します。rap「ラップする」で意味が通じないと思った時は同じ音で他のスペルがないか検討してみるといいでしょう。

G3 ▶ vegetables and fruitsのandがinにも聞こえますが、並列する2つの名詞をつなぐのでandだと判断します。後にくる動詞がareであることからも主語は複数だとわかります。

語彙 Vocabulary

V1 ▶ per capitaで「1人当たり、頭割り」という意味。perは「〜ごと」の意味。

発音 Pronunciation

P1 P2 ▶ plasticもvegetablesもカタカナ英語で「プラスチック」と「ベジタブル」があるので英語の発音を改めて正確に覚えておきましょう。STEP 6 に詳細があるので発音練習をしてみてください。

STEP 4 のスクリプトから和訳を書いて、意味を確認しましょう。ここでは訳すこと で意味がしっかりと理解できているかを確認します。

_____

_____

_____

_____

_____

和訳 国連の発表により、1人あたりのプラスチック包装の消費量において、日本は世界で2番目に多い国であることがわかりました。日本は、ありとあらゆるものをプラスチックで包装することで悪名高く、野菜や果物まで個別包装をしています。

ボキャブラリー

☐ **per capita**：1人当たり
☐ **notorious** (adj)：悪名高い
☐ **individually** (adv)：個別に、それぞれ

テーマのコラム

美意識の観点からのプラスチックと環境問題

日本のプラスチック消費量には外国人も驚いています。スーパーやデパ地下などで食料品を購入すると、プラスチックの容器に入っているお惣菜を匂いや汁が溢れるのを防止するためのビニール袋に入れて、それをまたレジ袋に入れます。食材を三重にプラスチックで梱包していることになります。外国の人から見ると野菜やフルーツがプラスチックで覆われていることにも驚いています。

おもてなしや、細かいところまで気が利くという日本人的な美徳で行っているこれらの行為はグローバルな視点からはまるで理解されません。環境問題に対する関心が低い教育水準の低い国という認識を与えてしまっています。

STEP 6　以下の矢印やハイライトを参考にスクリプトを音読し、単語や音のリズムを身につけましょう。発音できる音は聞き取れるようになります。

Japan / is the world's / second-highest user / per ①**capita**
/ of plastic packaging, ↓
according to / the United Nations. ↓
Japan / is ②**notorious** for / wrapping / nearly everything / in ③**plastic**. ↓
Even ④**vegetables** and fruits / are individually wrapped. ↓

発音（単語）

① **capita** [ˈkæpətə] (**ka** ·puh ·ta)
pitaはあいまい母音なので、口を小さく開きながら緩く「あ」と、やさしく発音すればOKです。また、最後のtaは母音にtがはさまれているので、Flap Tで弾く音です。「ラ」に近く聞こえるように発音してみましょう。

② **notorious** [nəʊˈtɔːriəs] (now ·**taw** ·ree ·uhs)
語頭のnoは「ノー」ではなく、「ノゥ」のように発音し、アクセントの位置が第2音節なので最初のnoの母音はあいまい母音になります。第2音節のtoも「ト」ではなく、「お」の口で「あ」という音であることにも注意しましょう。

③ **plastic** [ˈplæstɪk] (**pla** ·stuhk)
カタカナ英語脱却のポイントは語頭のplaに置くアクセントとtic部分を「チック」と言わないことです。tの音でtikと弾かせるように発音しましょう。

④ **vegetables** [ˈvedʒtəb(ə)lz] (**vej** ·tuh ·blz)
こちらもカタカナ英語脱却のポイントは語頭のアクセントと「ベ」ではなく、上の前歯で、下唇を軽くかむように/v/の音を出すこと。語末のbleはDark Lです。カタカナ英語のように「ブル」と2つの音をはっきりと発音するのではなく、どちらかというと「ボー」のように発音します。

複合名詞・形容詞

second-highest, plastic packaging

58 Electric Vehicles

音声を聞きながら、STEP 1 から STEP 6 の順に進めてみましょう。音声はスロースピード10回→ネイティブのナチュラルスピード3回の順に収録されています。

STEP 1　音声を聞いて聞き取れたキーワードを書いてみましょう。キーワードから連想して本文の内容を想像してみましょう。

STEP 2　最大10回まで音声を繰り返し再生し、聞こえた英文の英単語をできるだけ多く書き取ってみましょう。カタカナではなく全てアルファベットで！なぐり書きで構いません。

目安：TOEIC500点台レベル ▶ 10回まで、TOEIC600点台レベル ▶ 7回まで、
TOEIC700点台レベル ▶ 5回まで、TOEIC800点台レベル ▶ 3回まで

STEP 3　書き取った英文を清書し、文法的に意味が通じるか確認しながら英文を見直してみてください。以下に見直しの際のポイントをあげているので、参考にしてみましょう。

□　よく使われる表現・イディオムを書き取れましたか
□　音が弱い機能語を文法的に判断できましたか
□　修飾している部分に気づき、文構造を理解できましたか
□　専門用語など聞きなれない単語を聞き取れましたか
□　カタカナ発音と違う音は書き取れましたか
□　脱落する音は書き取れましたか

スクリプト＆解説

V1Pedestrians can struggle to hear quiet vehicles coming. This is why G1from now on all new P1models of electric and P2hybrid vehicles developed G2and sold in the EU must V2come equipped with a sound system G3similar to a V3combustion engine sound.

文法 Grammar

G1▶ from now on「これからは」という意味です。「今から」よりも「今後ずっと」と継続的なニュアンスが強く含まれます。またこの文章では、is why from now on all...と聞き取りにくい単語が並んでいるのでfrom now onをひとかたまりで覚えておくといいですね。

G2▶ developed and soldのandがinに聞こえてしまいます。動詞の過去分詞形が並列しているのでandだと推測できますね。

G3▶ be similar to ～「～のように、～に似ている」という意味のイディオムです。ここではsimilar to以下が前の名詞を修飾し、a combustion engine soundのようなa sound systemという構造になっています。

語彙 Vocabulary

V1▶ pedestrian「歩行者」の意味。ped＝foot「足」という意味です。pedを使った単語は他にもpedal「ペダル」、pedicure「ペディキュア」などがあります。

V2▶ come equipped with～「～が標準装備になっている」というイディオムです。be equipped withよりも少しもったいぶった言い方です。この文ではmust come equipped withでひとかたまりになっています。

V3▶ combustion「燃焼」。あまり聞いたことない単語かもしれませんね。combustionの形容詞combustibleはゴミの分別の際に使われる単語です。combustible garbage（燃えるゴミ）、incombustible garbage（燃えないゴミ）です。

発音 Pronunciation

P1▶ カタカナの「モデル」より、語末のdelがDark Lで「マードー」のように聞こえます。

P2▶ hybrid vehiclesのhybridのdとvehiclesのvの子音が2つ連続しているのでdが脱落してほぼ聞こえません。

_____

_____

_____

_____

和訳　最近の車はあまりに静かすぎて、歩行者は車が近づいてきていることに気づき
にくくなっています。そのため、EUで開発・販売される電気自動車およびハイブリッド車
のすべての新モデルに、エンジンのフェイクノイズを発生させる装置の搭載を義務付け
ることになりました。

ボキャブラリー

- **pedestrian** (n)：歩行者
- **struggle to〜** (v)：〜に苦労する、苦心する
- **come equipped with〜** (v)：〜が装備されている
- **combustion** (n)：燃焼

テーマのコラム

電気自動車はゼロエミッション!?
電気自動車は、バッテリーに蓄えた電力でモーターを回して走るため、走行段階で
は排気ガスを一切出しません。電気自動車はゼロエミッションと言われるのは排
出ガスゼロであるからです。

しかし、実際に電気がどのようにして作られているかと考えると、電気自動車もゼ
ロエミッションではないことがわかります。太陽光や風力といった再生可能エネル
ギーや原子力だけで発電するのであれば排出ガスは事実上ゼロになりますが、現
在日本の発電量の84％は火力発電。これは、排気管からCO_2を出さない代わり
に発電所で出していることを意味します。

ここがヨーロッパと大きく違う点になります。

STEP 6 以下の矢印やハイライトを参考にスクリプトを音読し、単語や音のリズムを身につけましょう。発音できる音は聞き取れるようになります。

①**Pedestrians** / can struggle / to hear / quiet ②**vehicles** / coming. ↓

★This is why / from now on / all new ③**models** / of electric / and hybrid vehicles ↑ developed / and sold / in the EU ↑

must come equipped with / a sound system / similar to / a ④**combustion** engine sound. ↓

発音（単語）

① **Pedestrians** [pə'destriən] (puh ·**deh** ·stree ·uhn)
第2音節にアクセントを置きます。スペル通りに読めばいい単語なので発音自体は難しくないと思いますが、アクセントの位置に迷うかもしれませんね。

② **vehicles** ['viːɪk(ə)l] (**vee** ·uh ·kl)
hの音は発音しません。語頭のvehiは/veeuh/と発音します。語末のcleはDark Lなので「クル」ではなく「コー」のように発音しましょう。

③ **models** ['mɑːd(ə)l/] (**maa** ·dl)
STEP 4 でも触れましたが、カタカナ英語とは発音が異なる大きな点が2つあります。ひとつはアクセントのある語頭、第1アクセントは「モ」ではなくShort Oで「マ」です。ふたつめは、カタカナの「デル」にあたるdelの発音がDark Lなので「ドー」のようになることです。

④ **combustion** [kəm'bʌstʃ(ə)n] (kuhm ·buhs ·chn)
ポイントは語末のtionを「ション」のように発音しないことです。どちらかというと「チョン」が近いです。

イントネーション

★ 2文目は1文が長いので、スクリプトにあるような意味の句切れ目ごとに分けて読んでいきましょう。特にThis is why from now on以下の主語が長く、これを理解して伝えることがポイントです。all new models ... in the EUまでが主語です。この主語はall new models of electric and hybrid vehiclesをdeveloped and sold in the EUが修飾しているので、そのことが伝わるように、hybrid vehiclesのあとのイントネーションが上がっています。

複合名詞

hybrid vehicle, sound system, combustion engine sound

59 Harvard University

音声を聞きながら、STEP 1 から STEP 6 の順に進めてみましょう。音声はスロースピード 10回→ネイティブのナチュラルスピード3回の順に収録されています。

STEP 1 音声を聞いて聞き取れたキーワードを書いてみましょう。キーワードから連想して本文の内容を想像してみましょう。

_____

_____

_____

_____

STEP 2 最大10回まで音声を繰り返し再生し、聞こえた英文の英単語をできるだけ多く書き取ってみましょう。カタカナではなく全てアルファベットで!なぐり書きで構いません。

目安:TOEIC500点台レベル ▶ 10回まで、TOEIC600点台レベル ▶ 7回まで、
TOEIC700点台レベル ▶ 5回まで、TOEIC800点台レベル ▶ 3回まで

_____

_____

_____

_____

STEP 3 書き取った英文を清書し、文法的に意味が通じるか確認しながら英文を見直してみてください。以下に見直しの際のポイントをあげているので、参考にしてみましょう。

_____

_____

_____

□ 所有格のSは書き取れましたか
□ 倒置法に気づきましたか
□ よく使われる単語を書き取れましたか
□ 数字は聞き取れましたか
□ tの音がd/rになる音の変化に気づきましたか(Flap T)
□ カタカナにした時に似た発音を聞き分けられましたか

答え合わせをし、正しく書き取れなかった部分を確認し、その原因を分析しましょう。

スクリプト＆解説

This year, the G1Forbes' Top P125 Private Colleges list is dominated by P2elite universities in the Northeast, including all eight V1Ivy Leagues. G2At the top of the list is Harvard University. Harvard is the P3oldest institution of higher learning in the US.

▌文法 Grammar

G1 ▶ 「Forbesという雑誌が主催する『私立大学トップ25』というランキング」を意味しているので所有格のsを落とさないようにしましょう。文法的に考えると「Forbesという雑誌の」なのでForbes'sというのが正しいのですが、s'sというのは表記が美しくないので最後のsの音は表記上落とします。発音はフォーブズとなります（ズを2回発音しません）。

G2 ▶ 倒置法が使われています。通常文であれば、Harvard University is at the top of the list.となります。「トップにいる」ことを強調するためにat the top〜部分が文頭に来ています。主語が最初に見当たらず、あせる人もいるかもしれませんが、こういったパターンを知っておくと、今後あせらずに聞いていられるでしょう。

▌語彙 Vocabulary

V1 ▶ Ivy Leagues「アイビーリーグ」はアメリカ合衆国北東部にある8つの私立大学グループの通称です。米国の政財界・学界・法曹界をリードする卒業生を数多く輩出しており、米国社会では伝統的に「東海岸の裕福な私立エリート校グループ」と捉えられています。→詳細は「テーマのコラム」参照。

▌発音 Pronunciation

P1 ▶ 25=twenty fiveと読みます。twenyのような発音に聞こえます。eにアクセントがあるので語末のtyのtが脱落してそのあとのnyのようにくっついて聞こえます。

P2 ▶ eliteのtは濁りelidのように聞こえるでしょう。Flap Tですね。うしろのuniversityとくっついてeliduniversitiesというような音に聞こえます。

P3 ▶ oldestがall thisにも聞こえたかもしれません。all thisだと文脈から意味が成り立たないので他の音を想像できるといいですね。oldのolとallは聞き間違えやすいです。

STEP 5　STEP 4 のスクリプトから和訳を書いて、意味を確認しましょう。ここでは訳すことで意味がしっかりと理解できているかを確認します。

_____

_____

_____

_____

和訳　今年のフォーブス誌による「私立大学トップ25」は、アイビーリーグ全8校を含む、北東部のエリート大学で占められています。そのリストのトップは、ハーバード大学です。アメリカで最も歴史のある高等教育機関です。

ボキャブラリー

□ **dominate** (v)：支配する
□ **institution** (n)：施設

テーマのコラム

アイビーリーグって？

アメリカの伝統ある私立大学8校からなるアイビーリーグ。具体的にはブラウン大学、コロンビア大学、コーネル大学、ダートマス大学、ハーバード大学、プリンストン大学、ペンシルベニア大学、イェール大学です。いずれの大学も長い歴史を誇り、世界的な知名度も高く、明日の社会を担うエリートたちが学んでいます。これら8大学だけで、250名以上の卒業生がノーベル賞を受賞しています。名実ともに、まさに超一流大学のグループと言えるでしょう。

STEP 6 **以下の矢印やハイライトを参考にスクリプトを音読し、単語や音のリズムを身につけましょう。発音できる音は聞き取れるようになります。**

★1 This year, / the Forbes' / Top 25 / Private Colleges list ↑
is ①**dominated** by / ②**elite** universities / in the Northeast,
including all eight / Ivy Leagues. ↓
★2 At the top of the list / is ③**Harvard University**. ↓
Harvard / is the oldest institution / of higher learning / in the US. ↓

発音（単語）

① **dominated** [ˈdɑːmɪneɪtɪd] (**daa**·muh·neitid)
アクセントは語頭の第1音節です。アクセントのあるdoはShort Oで「ド」よりも「ダ」に近い音で発音しましょう。

② **elite** [ɪˈliːt] (uh·**leet**)
カタカナ英語「エリート」の音よりも「イリート」という音が近いです。最後のteの/t/の音も母音を入れて発音しないようにしましょう。本文ではそのあとにuniversityがきていて、母音にはさまれているのでteの/t/の音が/d/に近い音で発音されています。Flap Tです。

③ **Harvard University** [ˈhɑːrvɜrd juːnɪˈvɜːrsəti] (**har**·verd yoo·nuh·**vur**·suh·tee)
Harにアクセントが置かれ、Harはしっかりとrの舌の形をつくりながら発音しましょう。カタカナの「ハーバード」という音より短い音に感じるかもしれません。

イントネーション

★1 1文が長いので、意味のかたまりを意識して読むと読みやすいです。スクリプトにあるように、This year, the Forbes' Top 25 Private Colleges listとis dominated by elite universities in the Northeastそしてincluding all eight Ivy Leagues.で3分割するように読んでみましょう。

★2 ここは倒置法で強調しているので、at the top of the listで少し間を持たせてからis Harvard Universityと読むと良いです。

複合名詞

Forbes' Top 25, (Private) Colleges list, Ivy Leagues, Harvard University

Kyoto

 DL-60

音声を聞きながら、STEP 1 から STEP 6 の順に進めてみましょう。音声はスロースピード 10回→ネイティブのナチュラルスピード3回の順に収録されています。

STEP 1 音声を聞いて聞き取れたキーワードを書いてみましょう。キーワードから連想して本文の内容を想像してみましょう。

_____

_____

_____

_____

STEP 2 最大10回まで音声を繰り返し再生し、聞こえた英文の英単語をできるだけ多く書き取ってみましょう。カタカナではなく全てアルファベットで！なぐり書きで構いません。

> 目安：TOEIC500点台レベル▶10回まで、TOEIC600点台レベル▶7回まで、
> TOEIC700点台レベル▶5回まで、TOEIC800点台レベル▶3回まで

_____

_____

_____

STEP 3 書き取った英文を清書し、文法的に意味が通じるか確認しながら英文を見直してみてください。以下に見直しの際のポイントをあげているので、参考にしてみましょう。

_____

_____

_____

□ よく使われる表現・イディオムを書き取れましたか

□ 複数形のSは書き取れましたか

□ アメリカ英語とイギリス英語のスペルがある単語を適切に書き取れましたか

□ 英語になった日本語を聞き取れましたか

スクリプト＆解説

P1Kyoto's historic P2Gion neighborhood is V1cracking down on photography G1in response to ongoing issues with bad tourist V2behavior. In some cases, tourists have V3chased P3geisha down the street and even V4tugged at their G2 P4kimonos.

文法 Grammar

G1▶ in response to～「～に応えて」というイディオムです。inやtoが聞き取りにくかったかもしれません。このイディオムを知っていると書き取れますし、toが前置詞なので後にくる品詞が名詞でなければならないこともわかると(outgoing) issuesになることにも気づきます。

G2▶ kimonoは複数形のsをつけられます。元々は日本語だったとしても英語の外来語として取り込まれると英語の文法のルールが適用されます。完全に英語になっている日本語の例にはtyphoon, tsunami, sake, sushi, manga, emoji, samuraiなどがあります。
Ex）Can I borrow some **mangas**?「マンガ何冊か借りていい？」
　　There were so many **typhoons** this summer.「今年の夏は台風が多い」

語彙 Vocabulary

V1▶ crack down on～「～を厳しく取り締まる」というイディオムです。

V2▶ behavior(アメリカ英語)と behaviour(イギリス英語)でスペルが少し違いますがどちらも正解です。ただしご自身の英語はどちらかに統一するといいでしょう。

V3▶ chase down～「～を追いかける」という意味です。chase geisha downのほうがchase down geishaよりも語順としてしっくりきます。chaseという動詞のすぐ後に目的語geishaがくるほうが聞き手にとってイメージが湧きやすいです。また、chase downのdownはオプションでしかないというのも大きな要因でしょう。

V4▶ tug at～「～を引っ張る」という意味。

発音 Pronunciation

P1 P2 P3 P4▶ Kyoto「京都」、Gion「祇園」、geisha「芸者」、kimono「着物」などの外国人が発音する日本語の発音にも慣れておきましょう。

のスクリプトから和訳を書いて、意味を確認しましょう。ここでは訳すことで意味がしっかりと理解できているかを確認します。

_____

_____

_____

_____

_____

和訳　京都の歴史ある祇園地区では、度重なる観光客の素行の悪さを受けて、写真撮影を厳しく取り締まっています。一部では、通りを歩く芸者を追いかけたり、着物を引っ張る観光客までいるようです。

ボキャブラリー

□ **crack down〜** (v)：〜を厳しく取り締まる、厳罰に処する
□ **ongoing** (adj)：進行中の
□ **chase down〜** (v)：〜を追いかける
□ **tug at〜** (v)：〜を引っ張る

テーマのコラム

観光公害って？

外国人観光客と地元住民の間で発生するトラブルが集中することを「観光公害」と言います。京都の場合、ゴミのポイ捨て、バスが混みすぎて通勤・通学で使用する地元住民の方が乗車できない、民泊利用者のマナーの悪さ、民泊の場所を間違えたり、夜中に道案内をさせられるなどのトラブルが発生しています。

インバウンドに成功すると必ずと言っていいほど出てくる観光公害。観光客一辺倒のインバウンドは必ず住民との対立を生むことは歴史が証明しています。観光客の適正数の検討、それを見越したインフラの整備、住民に対する納得感の創出など早期に着手しなければ、京都でも観光客排斥運動が起こる日はそう遠くないかもしれません。

STEP 6 以下の矢印やハイライトを参考にスクリプトを音読し、単語や音のリズムを身につけましょう。発音できる音は聞き取れるようになります。

★Kyoto's historic / ★Gion ①neighborhood is / cracking down / on ② photography ↑

in response to / ③ongoing issues / with bad tourist behavior. ↓

In some cases, / tourists / have chased ★geisha / down the street ↑

and even ④tugged / at their ★kimonos. ↓

発音（単語）

① **neighborhood** [ˈneɪbərˌhʊd] (**nei**·br·hud)
hoodは口をとがらせながら/hu/を腹式で息を吐きだして発音しましょう。

② **photography** [fəˈtɑːɡrəfi] (fuh·**taa**·gruh·fee)
photoはアクセントがphoにあるのですが、この場合はtoの第2音節にアクセントがあるので注意です。またアクセントのあるtoは「ト」ではなくtaa「タ」のように発音します。

③ **ongoing** [ˈɑːnˌɡoʊɪŋ] (**aan**·gow·uhng)
「進行中の」という意味の形容詞です。アクセントは語頭の第1音節です。Short Oで「オン」よりも「アン」が近いです。語末のgはほぼ発音されません。

④ **tug** [tʌɡ] (tag)
tugとtag の発音を混同しないようにしましょう。本文のtugのuは「あ」を強く発音する音です。tagのaは「え」の口で「あ」と発音する音です。

イントネーション

★ **Kyoto, Gion, geisha, kimono**
英語としての（英語になった）日本語の読み方は、筆者は英語風にアクセントを変えて読んだほうが聞き取ってもらえると思っています。筆者の名前、小西(Konishi)もKoni:shi (クニーシー)と発音していました。kimonoの場合、第2音節の/mo/にアクセントがあります。この部分をきちんと伸ばすように意識して発音しましょう。

複合名詞

tourist behavior

著者紹介

小西麻亜耶
Konishi Maaya

株式会社コミュニカ取締役副社長。
18歳のときに米ハーバード大学で言語学に出会う。2007年に慶応義塾大学を卒業後、米コロラド大学で言語学の修士課程に進学、首席にて修了。
2009年に三菱UFJモルガン・スタンレー証券に入社。NTTデータや豊田通商のM&A案件のアドバイザリー担当としてキャリアをスタート。2011年に日英同時通訳・翻訳家として独立。投資家ジム・ロジャースの講演の逐次通訳やペットフードのヒルズコルゲート社長の専属通訳などを担当。2012年に元アップル・ジャパン社長山元氏にその英語力を認められ株式会社コミュニカに入社。独自に開発した英語発音矯正プログラムで、全国から集う生徒は3,000名以上。「英語を諦めない」「話せない人には聞こえない」「聞き返されない英語」をモットーに英語教育に力を注いでいる。著書に『人生を変える英語力』（大和書房）、『世界でたたかう英語』（ディスカバー・トゥエンティワン）、『10秒スピーキング』（三修社）など。

株式会社コミュニカについて

株式会社コミュニカは、独自に開発したメソッドを通して、未来を築き、世界で通用する人材を育成しています。講演・研修、コンサルティング、経営塾、英語塾など幅広い事業を手がけています。
代表取締役社長は山元賢治氏が、取締役副社長は本書著者である小西麻亜耶氏が務めています。
経営塾（別名、山元塾）を主に山元氏が、英語塾（別名、コミュニカ英語塾）を小西氏が担当しています。

▶ ビジョン＆ミッション

MISSION 01 Create your future「あなたの未来をあなたの手で―山元塾を通じて繋がる―」

人口減少でマーケットそのものが縮小する今こそ、グローバルな世界で活躍できる人材が必要とされています。変革期にある日本のリーダーを育てるため、講演、研修、顧問、カウンセリング活動を通して、グローバル・リーダーに必要な方法論や覚悟について伝承していきます。次世代の坂本龍馬の発掘を目指しています。自分や自分の会社の未来を自分の手で創造することが大切です。

MISSION 02 Design your English「あなた自身の英語をデザイン―コトバこそ最大の自己表現―」

唯一絶対の「正しい英文法」なるものは存在しません。ことグローバリゼーションが急速に進んでいる現代においては、世界のスーパーパワーであるアメリカの英語をプロトタイプとする中心から様々な方向にWorld Englishesが広がっているというのが実情です。いつまでも机上の空論でしかない「正しい英語」を身につけようともがくのではなく、いかに自己表現を英語でするかに発想を転換してみませんか。「間違いを恐れながら学ぶ英語から、自分らしさを追求する英語へ」それが Design Your Own English の理念です。

MISSION 03 Visualize your Career「あなたのキャリアを描き出す―自分の道を進む―」

自分が本当に何をしたいのか、どんな職業につきたいのか、どんな時に達成感を感じるのか、それさえも決められずに彷徨っている状況が、年齢に限らず、現代の多くの日本人がもっている一番大きな悩みのように見えます。どのようなキャリアに進むべき悩んでいる人や高校生・大学生への講演・研修を通して未来のキャリアをイメージするお手伝いをしています。

代表取締役社長　山元賢治氏紹介

1983年 日本IBM株式会社
1995年 日本オラクル株式会社
1999年 イーエムシー ジャパン株式会社（2001年 副社長）
2002年 日本オラクル株式会社 取締役専務執行役員
2004年 アップルコンピュータ株式会社 社長兼米国アップルバイスプレジデント
2012年 株式会社コミュニカ　CEO & Founder

神戸大学卒業後、日本IBMに入社。日本オラクル、ケイデンスを経て、EMCジャパン副社長。2002年、日本オラクルへ復帰。専務として営業・マーケティング・開発にわたる総勢1600人の責任者となる。2004年にスティーブ・ジョブズに指名され、アップル・ジャパンの代表取締役社長に就任し、iPodビジネスの立ち上げからiPhoneを市場に送り出すまで、国内の最高責任者としてアップルの復活に大きく貢献。現在は株式会社コミュニカのCEO兼Founderとして自らの経験をもとに、「これからの世界」で活躍できるリーダーの育成、英語教育に力を注いでいる。

音声をダウンロードできます

❶ PC・スマートフォンで音声ダウンロード用のサイトにアクセスします。
QR コード読み取りアプリを起動し右の QR コードを読み取ってください。
QR コードが読み取れない方はブラウザから
「http://audiobook.jp/exchange/sanshusha」にアクセスしてください。

❷ 表示されたページから、audiobook.jp への会員登録ページに進みます（既にア
カウントをお持ちの方はログインしてください）。　※ audiobook.jp への会員登録（無料）が必要です。

❸ 会員登録後❶のページに再度アクセスし、シリアルコードの入力欄に「05982」を入力して「送信」を
クリックします。

❹「ライブラリに追加」のボタンをクリックします。

❺ スマートフォンの場合はアプリ「audiobook.jp」をインストールしてご利用ください。
PC の場合は、「ライブラリ」から音声ファイルをダウンロードしてご利用ください。

カバー・本文デザイン	上坊菜々子
カバーイラスト	Yunosuke
本文イラスト	石井涼子
英文校正	Brooke Lathram-Abe
DTP	小林菜穂美
編集	本多真佑子

英語を聞きとる力が飛躍的にアップする新メソッド

10秒リスニング

2020 年 8 月 30 日　第 1 刷発行
2023 年 4 月 30 日　第 5 刷発行

著　者	小西麻亜耶
発行者	前田俊秀
発行所	株式会社 三修社
	〒150-0001　東京都渋谷区神宮前 2-2-22
	TEL03-3405-4511　FAX03-3405-4522
	https://www.sanshusha.co.jp
	振替　00190-9-72758
印刷・製本	壮光舎印刷株式会社

©2020 Maaya Konishi　Printed in Japan
ISBN 978-4-384-05982-3 C2082